致怕給人添麻煩的你

伊麗絲・桑德 Ilse Sand 著 吳宜蓁 譯

Say Hello to Your Shame

羞愧感指數測驗

你是不是總擔心給人添麻煩了？

在羞愧感測驗得到分數，絕對不是什麼值得驕傲的事。儘管許多題目呈現出的特質並不討人喜歡，但無論如何，你還是要試著完全誠實地回答。畢竟你完全不用把測試結果給任何人看。

在你考慮每題陳述時，重要的是去感受你的身體，寫出最先想到的任何答案，不要想太多。你的身體通常會比大腦和想法更直覺、更真實地回答問題。

我想先說，在這個測驗中拿到高分，並不代表你很糟糕，而是意味著：**在你的人生中，很少有人真正看見並理解你**。

請先做完測驗後再讀結論，否則可能會影響你的成績。

測驗方法

讀完每個陳述句後，寫下從0到4的數字，代表意義如下：

0：完全不符合　1：幾乎不符合　2：部分符合
3：幾乎符合　4：完全符合

測驗題目

① 當有人對我表現出強烈的興趣時，我會認為他們之所以對我感興趣，只是因為還沒有發現我的缺點。□

② 如果我問了一個大家都知道答案，而且我也應該知道答案的問題，我就會想鑽到桌子底下去。□

③ 我的某些過往經歷讓我覺得丟臉。□

④ 社交活動經常讓我筋疲力盡。□

⑤ 當我不知道該說什麼時，我會擔心別人怎麼看待我的沉默。□

⑥ 我希望有時能在社交場合更自然一些，別那麼拘謹。□

⑦ 每當我誤解了一個問題，而我的回答也清楚顯示出我誤解了時，我會感到尷尬，然後生自己的氣好幾天。□

⑧ 如果我想對別人說些什麼，卻發現沒人在聽，我就會感到不安，想在沒人注意到的情況下逃走。□

⑨ 每當對話中出現停頓，我就會開始焦慮，拼命地尋找一些東西來填補沉默。□

⑩ 我身邊沒有任何我敢毫無保留、坦誠面對的人，可以顯露出我脆弱的一面（不包含治療師或心理師）。☐

⑪ 下班後去酒吧或參加派對之類的社交活動時，我都會擔心自己說的話是否聽起來很蠢或被誤解。☐

⑫ 在社交場合上，我不敢說出自己的想法、情緒或願望。☐

⑬ 如果我邀請對方一起做某件事卻被拒絕時，我會擔心他們拒絕我的原因，是因為不喜歡我。☐

⑭ 我必須非常用力地控制自己和情緒。☐

⑮ 如果我發現我跟別人講話時，牙縫裡塞著食物殘渣，接下來一整天我的情緒都會

大受影響。□

⑯ 當我的手顫抖時，我不想被任何人發現，會竭盡所能去隱藏。□

⑰ 若臨時有客人來訪，而我家又髒又亂時，會讓我心情不好很多天。□

⑱ 當對話中出現停頓，而我又不知道該說什麼時，我會非常緊張。□

⑲ 當我在工作中犯了錯，我害怕別人因此看不起我。□

⑳ 我常常因為擔心別人怎麼看我，而羞於做我想做的事。□

㉑ 我曾（或多次）擔心自己會精神崩潰。□

㉒ 如果有人看到我難過時顫抖的臉，我會覺得很丟臉。□

㉓ 即使我說的是真話，但如果有人指稱我說謊，我就會懷疑自己。□

㉔ 當有人以憤怒、輕蔑或高高在上的口吻對我說話時，我不會制止他們，因為我覺得自己也許真的做錯了什麼。□

㉕ 當我在社交場合時，經常會感到疲倦，想要比其他人早離開。□

最後把數字加總起來，總分會在０分到１００分之間。

你的總分：

分

測驗說明

一般而言，高於七十分算高分，低於二十五分則算低分。

有二百四十名丹麥人做過這個測驗，平均分數是四十四分❶。

請注意！這只是一個測驗

單一測驗永遠無法完整描述一個人，因為有太多人性面向沒有被考慮進去，所以可能忽略了人與人的細微差別。此外，結果也會根據你做測驗時的狀態和心情而有差異，假如你今天過的很糟，或正在經歷混亂期，這都會使你的得分高於正常水準。

給分數低的人

你應該以自己是個堅強的人為傲，你不是會輕易被打倒的人。

很可能在你小的時候，擁有至少有一個可以真正看見、理解你的人，並且總是用愛回應你。若非如此，你分數低的原因，也有可能是因為你一直有在處理自己的問題，並且擁有堅固的自我意識。

給分數高的人

你不必擔心得到高分，而是應該把它看做更了解自己的契機，它讓你能以更有愛的目光看待自己。你之所以會感覺活著如此辛苦，都是有理由的，但問題不在你身上——你生來就是你應該成為的那種人。只是過去發生的事，讓你對自己很沒有信心。受到羞愧感束縛的生活是極其沉重的，做完測驗後，我希望你感覺好多了。

❶ 這些參加測試的志願者是我臉書上的朋友和關注者。我發現分數比較極端的通常是這兩種性格類型的人：一種是高度敏感的人，另一種是有在處理自己的問題，並已經能夠不被一些羞愧感影響的人。根據我的推測，前者會提高平均分數，而後者則會拉低平均分數。總而言之，這個平均分數可能與隨機受試者的得分沒有太大落差。

找到合適的傾聽者

當你處在羞愧中，向別人尋求幫助會讓你感到很不舒服，但尋求幫助是非常重要的事。在一段關係中破裂的東西，必須藉由另一段關係來修復，漸漸地，你就能學會用充滿愛的目光看自己。但首先，這些有愛的目光必須來自別人。

無論是朋友、心理治療師或是心理師，仔細選擇你的傾聽者是很重要的，這個人必須善於同感他人，必須多聽少說，而不是喋喋不休、咄咄逼人。如果他完全只把注意力放在認知上，也就是只去分析、處理你的想法，那也不好。他還必須回應你的肢體語言，並傾聽你生活中的重要事件，你才能感覺自己真正被別人看到或聽到你從未被看見的那一面。另外，你也需要足夠的時間，才能在這段關係中產生足夠的安全感，可以分享你感到羞愧的一切。

你找到的傾聽者必須有處理自己問題的經驗，並能自在與自己的羞愧共存，這一點非常重要，否則他可能會忽視你的羞愧，或試圖講理說服你。童年的不和諧互動會導致你的自我意識產生空洞，像是站在空中。你需要一個與你同頻率的傾聽者，透過語言和非語言的方式，給你關於親密感、被看到和被回映的體驗。這樣一來，你就能從空中慢慢下降到地面，找到自己的立足點。

絕佳的成長機會

做到以上後，你也可以跟那些從小就被給予健康的自我意識和自尊感的人一樣，慢慢重新獲得自信。早年自然形成的自我意識和後天努力建立的自我意識，其實是有區別的，前者雖然比較牢固，但從另一方面來說，後者卻強化了你其他面向。

在你努力尋找自我的過程中，你會無意中發現內心被忽略之處，這些人格特質使你與他人有所差別，如果你能將它發揮到極致，就能成為對世界有貢獻的人。此外，在這個過程中，你將會培養出對自己和他人的同理心，漸漸地，你將比大部分人擁有更深刻的情緒共感能力。

目錄

推薦序

你總是覺得自己有問題嗎？

——和羞愧感直球對決的深層練習

心理學作家　**海苔熊**

或許你看過許多心靈成長、愛自己的書籍，可是看了那麼多，還是經常會覺得心裡空空的，有什麼東西沒有被填滿；還是時常擔心，別人會「看破你的手腳」；還是每天害怕，自己會變成別人的負擔；還是在人群之中覺得自己是怪咖，在發生不好的事情的時候，覺得是自己的責任……為什麼會這樣？為什麼明明已經那麼努力試著去愛自己了，卻仍然覺得自己是個麻煩？

真正的問題在於：你根本沒有問題，只是你還不願意相信。好吧，我知道就算我這樣說你也不願意相信，所以我們換一個說法——**其實你根本就知道問題在哪裡，**

只是你還沒有準備好去面對，去把傷口打開，看見那些脆弱，把黑暗的東西疏通。因為你覺得這個過程實在是太痛苦了，所以你不斷地逃避，你用很努力工作、很認真唸書、在其他人面前展現出優等生的樣子，呈現出書裡面所說的「虛假自我」，日復一日，一直到你精疲力竭，覺得疲憊，無法再往前為止。

其實，羞愧感就像是你心裡面的警鈴，它在提醒你：**過去你所賴以維生來生活的方式，現在不管用了，你不想再當那個虛假的自己了**。但是你又太害怕呈現真實的自己，就不會被愛了，所以你充滿焦慮和擔心，不想繼續再這樣，可是卻不知道還能夠怎麼樣。

改變是要付出代價的，許多人因為無法接受改變所附加的代價，而選擇原地踏步。用「看起來好像很努力的方式」去表現得特別好、在別人眼裡成為發光的星星。一邊用他人的稱讚來飲鴆止渴，一邊不相信在這個外殼的底下真實的自己是夠好的，所以就像是滾輪上面的倉鼠一樣，需要不斷地往前跑，又怕自己往下掉。

洞在哪裡，羞愧就在哪裡

換句話說，一直以來你努力的方向都錯了，你真正要做的不是往前跑，拼命的「愛自己」，反而是停下來，更加了解自己，接近自己的羞愧，看看那些羞愧究竟是長什麼樣子，然後把它拿到陽光下面透透氣，當羞愧吸收了夠多的溫暖，這些傷口自然就會痊癒。

作者 Ilse Sand 在書裡用一張很生動的圖來詮釋「羞愧感」。如果你曾經覺得心裡面空空的，或者是很討厭自己，大概會有一種感覺是：「我也覺得自己很糟糕，但是我不知道要從哪裡開始『修理』（fix）起……」倘若你也有這種感覺，其實可以想像你的心靈，就像是書裡圖2的樣子，充滿很多空洞，而療癒這些空洞的第一步，就是一個一個看見這些空洞。

具體來說，你不一定會隨時隨地感到羞愧，而是在一些特定的時候你會「意識」到自己不好，常見的情況是：

1. 臉上長青春痘的時候
2. 當別人都交了作業，我卻還沒有交的時候
3. 看到同年齡的人都已經出社會工作，我還在讀書的時候
4. 飯桌上，大家討論薪水的時候
5. 照鏡子，發現自己肚子上滿滿肥油的時候
6. 重蹈覆轍，覺得自己在原地繞圈的時候
7. 困在負面情緒裡，然後質問自己「為什麼又這樣」的時候

上面這些點，就是自我裡面一個又一個的「羞愧破洞」。在我繼續往下介紹之前，我想要邀請你思考一件事情：這幾個破洞，有什麼共同的地方？

羞愧感的來源

想好了嗎？我要公布答案嘍！羞愧感通常來自於一個關鍵的要素叫做「社會比較」（social comparison）。羞愧感作為一種「社會情緒」，通常要在人群當中才會變得鮮明。如果你從出生開始就是在荒島上，那麼你大概不會有任何羞愧的感受。作者指出，在人群中羞愧感是有作用的，它某種程度上規範了我們「應該做什麼／不應該做什麼」、「可以做什麼／不可以做什麼」，來增加群體的福祉，有利於人類生存。所以，當你做出「和大家不一樣」的事情的時候，你可能會感覺羞愧，並且嘗試改變行為，回到「隊伍」當中。

比方說，你看到同年齡的人都已經畢業賺錢，所以你拼命趕著畢業，開始賺錢，於是你就「歸隊」了；又比方說，你發現身邊的朋友們都纖細又苗條，所以你開始瘦身、保養、清除臉上的粉刺痘痘等等，這也讓你「歸隊」了。但很快你會發現，**這是一條沒有終點的路，因為你永遠可以跟不同的人群比較、永遠可以覺得自己「不**

夠」，所以每天都汲汲營營、每天都很焦慮。

因此，如果你的羞愧感並不是一朝一夕，而是朝朝暮暮，那麼很有可能這個羞愧的感覺並不是來自於社會比較，而是來自於過往的經驗，以及這些經驗讓你所形成的對自己的評價。作者指出，如果你童年的主要照顧者並沒有給予你足夠的支持和關懷，在你需要的時候沒有滿足你的需求，甚至不斷地批評你、貶低你、折磨你，那麼很有可能你會形成一種感覺：「是不是我不夠好？是不是我有問題，他們才會這樣對我？」等等，明明是這些大人們做錯事情，為什麼我們會習慣折磨自己呢？從客體關係理論的角度來看，在我們還沒有辦法自給自足、自力更生的時候，我們非常仰賴這些照顧我們的人，所以**相較於責怪自己，承認「照顧我的這個大人就是沒辦法給我我需要的」這件事情更為可怕**，因為這可能意味著：「他們好壞、不可靠，以後你要餓死了！」事實上，責怪自己還有另外一個好處是，你可以透過「把不被愛的責任放在自己的身上」來獲得控制感，努力去做點什麼，好讓這些大人們愛你，而如果這時候大人們真的在有條件的情況下給你關愛，就會更增強你的行為——你就會變成一個很努力，但是卻又會經常感到羞愧的孩子。

修補內心的空洞，找回真實的自我

那該怎麼辦呢？作者在這本書提供了幾個實用的技巧，我簡單列舉一些如下：

- 先畫一個圓圈出來，挖出一些空洞，然後想想自己有什麼羞愧感，然後在這些空洞上面填上你的羞愧感。
- 試著挑選一個「如果你得罪了也不會感到難過」的陌生人，或者是你的治療師，跟他說說這個羞愧的感覺（就是前面說的曬太陽的概念）。
- 如果你真的很害怕告訴任何人，也可以用寫的，寫信給一個你很敬重的人（但不要寄出去），像是把祕密埋到樹洞一樣說出來。然後感覺一下，在你寫之前跟寫之後，內心的感受是什麼。

● 嘗試用自我關愛（self compassion）的方式和自己說話，留點溫柔給自己，就像是安慰一個覺得很羞愧、覺得自己一無是處的朋友一樣。

在我們的文化當中，常常被教導不要過於自滿、要時時檢討反省自己，才能夠不斷砥礪自己進步。我覺得這只說對了一半，實際上的狀況是：**自我批評或許可以讓你走得更遠，但自我關愛才可以讓你走得更穩、走得更深**。每個人的個性裡面或多或少都有些黑暗糟糕的地方，你和其他人並沒有什麼不一樣，停下來把你的黑暗擦亮，然後慢慢起身，你會發現，就像作者說的：「那些你所逃避的意識空洞，充滿了尚未實現的可能」。

推薦序

羞愧：面對，接受，處理，放下

楊聰才身心診所院長、公共衛生醫學博士　**楊聰財**

這本好書，與你談談羞愧。

羞愧：羞恥和慚愧。

「人類最負面的情緒既不是憤怒，也不是悲痛，而是羞愧感。我們絕大部份的負面情緒，都可以通過表達、大哭、運動發洩等方式得到釋放。但羞愧感，是一種最不容易被我們承認和釋放的隱祕情感。在感到『羞愧』時，我們不僅不會選擇發洩，反而會儘量隱藏，不希望被他人覺察。」也許是因為「悲傷」或「憤怒」往往是對他人的感受，「羞愧」卻是針對自己，它才那麼難以面對。

「羞愧」很隱密，不易察覺反而更危險——它不動聲色地潛在我們的身體裡，靜靜且持久地破壞我們生活的各方面。

當我們否認羞愧感的存在，我們躲躲閃閃，顧左右而言他，這樣的態度模糊我們的視線和思考，往往誘導我們去對付一個只用來轉移注意力的「橫生的問題枝節」，而非「問題主幹」。

對羞愧感的恐懼，會讓你去做你認為別人希望你做的事，而不是你自己想做的事。你很可能已經有好一段時間不敢做真正想做的事，因為你害怕別人會說什麼。

有些時候，你可能會因為害怕面對某種讓你羞愧的眼神或言論，而壓抑自己的某些面向。你的長期羞愧越是嚴重，當有人不贊同你而皺眉時，你的反應就會越強烈。我們常常會因為擔心別人的想法，而錯過自我發展的機會，這使得我們無法做自己真正喜歡做的事。

英國兒科醫生和精神分析學家唐納德．威尼科特（Donald Winnicott）區分出真實的自我和虛假的自我。當父母看見並回映孩子所有的情緒與表達時，真實的自我就會顯現出來。孩子會從父母對她的回應中了解真實的自己，並形成穩定的自我意識。

如果父母能在關愛的氛圍中回映她，她就會覺得自己是一個值得被愛的人。相對的，如果父母無法去體會她，她就會缺乏必要的幫助來發現自己。她不會體驗到發展穩定的自我意識所必需的回映或和諧。最壞的情況是，她根本不知道自己是誰。

如果你從父母那裡得到的很少，你的真實自我會與被拋棄和羞愧的痛苦連結在一起。虛假的自我認為自己是強大、無敵又獨立的，而成功經驗會支持它，暫時緩解羞愧和被拋棄的感覺。

把模糊的感覺轉化成具體的文字，我們才可以整理它：「究竟我的感覺有道理嗎？真的是我的錯嗎？這一定說明我是一個沒用的人嗎？」

無論答案是什麼，停止被模糊的感覺牽著鼻子走，而是去思索具體且真正關鍵的問號，才能走向實用的結論。

先卸下對自己的心防，和自己坦誠相對，我們才能有勇氣看清核心，繼而直擊問題要害。

「羞愧」會引起對自己的嫌惡，牽動我們作為「人」最根本的尊嚴和信心。面對這樣一個最刺心的東西，要剖析它，又要向另一個人訴說，這都是很「反直觀」的事，在練習時也的確會有不快感，但這都是為了得到一顆更健康的心智的過程。

雖然不舒服，我們都一樣，站在「現在」這個起點上。

當你用充滿愛的眼睛審視自己，意識到錯的是你過去所缺少的東西，而不是你自己時，羞愧就會轉化為悲傷。而當你為過去遭受的損失而悲傷時，你會發現你開始對自己有了新的尊重。當你重新審視你的人生，看看你一開始失去的東西時，你可能會找到理由為現在的自己驕傲。透過努力克服你的羞愧感，你可以避免將父母和祖父母的羞愧感傳給下一代。如果你善於以愛的方式對待自己，這種愛就會像漣漪一樣，傳播給你周圍的人和你的後代。

本書以「羞愧」為主題，分成定義以及工具兩部分來解析以及教導如何去改善羞愧帶來的困擾，共有九章，章章精彩，十分值得買來一讀！

作者序

你沒有任何問題

在你努力思索到底人生出了什麼問題時，「羞愧」八成不是你腦海中浮現的第一個詞。我們很少談論羞愧感，因為它是隱藏的，而且通常會被其他情緒掩蓋，比如過度的自我壓抑、自卑、社交倦怠、親密無能，也可能隱藏在攻擊或憤怒的情緒背後。

在寫這本書的同時，我把握機會問許多人這個問題：「你不必告訴我那是什麼。不過，有什麼事情是你感到羞愧的嗎？」許多人會點頭，然後撇開視線說：「嗯，但我不打算談那件事。」有些人一開始對這問題有些困惑，為了引導他們，我會說：「你的身體有沒有哪些地方是你不想讓別人看到的？有哪些個性是你想要隱藏的？或是你有沒有不想與任何人分享的經歷？一個你希望沒有人會發現的弱點？」

聽到這些問題後，大部分人會點點頭。偶爾會有人反駁說：「沒有什麼事讓我覺得羞愧！」或「我沒有什麼好羞愧的！」而我相信他們說的其實是：「你別想讓我感到羞愧。」——但有時候他們確實感到羞愧，甚至自己都沒有察覺到。知道這件事情令我感到羞愧，那是出於理性的判斷，但當身體自動產生羞愧反應時，比方說，當我們的眼神開始四處亂飄，或低頭盯著自己的鞋子時，就完全是另外一回事了。

身為一名牧師和心理治療師，我聽過許多人們吐露感到羞愧的事情，那種強烈的痛苦和孤獨，以及令人心碎的程度，讓我感到震撼。但一旦說出了這種感覺，就會發生一種令人驚訝甚至是奇蹟般的轉變。人們的呼吸變得比較深，臉部和身體也變得放鬆，看起來不再那麼緊繃和痛苦。

把情緒說出來的解脫感之強大，你可能甚至會想，為什麼大多數人會花這麼長時間，才鼓起勇氣討論這種懷疑自己哪裡有問題的感覺——當然，前提是你真的說出口了。

在我三十歲出頭，剛開始第一份牧師工作時，我經常和一群對心理治療有興趣的牧師在一起，希望更深入的了解彼此。有一天，一位長我幾歲的女牧師對我說：「你看起來非常脆弱。」我以前也聽過這種話，而且我無法接受，覺得這是一種人格上的侮辱，於是我反駁：「我認為你看到的脆弱，比較是反映出你的狀態，而不是我真正的樣子。」自那以後，我會盡量避開她，並努力表現出自己的堅強。

在我成長的地方，如果你不表現出決心和勇氣，沒有人會支持你。如果你想要被尊重和重視，就必須要有某些技能和成就，或以其他方式有所貢獻。因此，我不敢審視自己是否真有那位牧師告訴我的問題。

當時我沒有意識到我的焦慮來自於我對他人的不安，鏡射出我的脆弱。但我意識到自己異常尷尬和憤怒，我彷彿失去了對臉部肌肉的控制，我想自信地微笑，但眼睛開始掃視四周，神經開始抽搐。我的聲音聽起來很微弱，我的臉控制不住地反映出我內心更深、更真實的一層。感覺不只是我腳下的地毯被抽走，而是我身體底下的一切都被拉了出來，而我站在空中。

我花了很多年，才終於有勇氣審視和承認自己的脆弱。而當我終於做到的時候，才發現我一直深感羞愧的脆弱，往往是別人喜歡我的地方、我吸引異性的特質。

羞愧感所帶來的焦慮，未必總是像我經歷的那樣難以招架，它的強度不一，關於這一點，將在本書後面做進一步的討論。

本書會以清晰直白的語言描述羞愧是如何產生的；為什麼有些人感受到的羞愧，遠超過合理的程度；如何找出你的某些問題背後是否隱藏著羞愧感；以及你該如何克服羞愧感，以獲得更大的內在自由。這本書適合任何對心理學或自我發展有興趣的人，而且對那些容易覺得自己有問題的人特別有幫助。

最深層的意義上，**羞愧是一種對自我認知沒有安全感的反應**。有些人只對自己的一個面向感到羞愧，而有些人則被羞愧感深深壓抑著。不管你的羞愧程度如何，你都可以做本書提供的練習，把自己從羞愧的重擔中解脫出來。

羞愧也有積極的一面。例如，在他人面前時，我們會試著壓抑自己的貪婪，否則會為此感到羞愧。不過在大多數情況下，這本書主要談的是「過度羞愧」的負面後果，以及如何讓自己擺脫這些惡果。

關於羞愧，最令人厭惡的一點是：我們常常對羞愧本身感到羞愧，因此不願尋求幫助。我經常看到人們把自己隱藏在孤獨之中，而不願意走出去，過著開放、有愛又脆弱的生活。

羞愧會毀掉一個人的人生，它會讓你蹲在一面盾牌後面，想要逃避自己和其他人。這個盾牌擋住光線，讓你無法看清事物。它就像一扇骯髒的窗戶，扭曲了你和外面的人之間的交流。

幸好，仍有一線之光。書中收錄一些勇敢承認羞愧的人，光是閱讀他們的故事就能激勵你，他們的勇氣也會感染你，因此我在書中放進了許多擺脫羞愧和自我壓抑的案例。

書中還有一些工具，可以幫助你移開那面盾牌，讓光照進來並驅散阻止你認識自己的羞愧感迷霧。當你把事情看得更清楚時，就會意識到你不必服從你的羞愧感。

就算你一直這麼認為，但**你不是問題所在**，**你沒有任何問題**。當你覺得自己有問題時，那是因為發生了不好的事情，但**出錯的並不是你**。

在每一章的最後都有練習，能幫助你更加理解你的羞愧，並練習在某些情況下擺脫它。有些練習可能會引發各種情緒，所以在開始之前，你可以先和朋友約好，如果你在練習中或練習後感覺需要談談，可以打電話給他們。

此外，本書提供的〈羞愧感指數測驗〉可以衡量羞愧對你的影響有多大。你可以先做測驗，也可以等到讀完書之後再做。當然，如果你不想，不做也可以。

讀這本書的時候，你可能會意識到你的羞愧感有多嚴重。在測驗後面，我提供了其他視角，讓你明白即使分數很高，也能看到積極的一面。

羞愧總是喊著：「你真沒用，沒救了，把自己埋起來，好好躲著吧。」我希望這本書能給你勇氣，讓你面對羞愧，成為承認並支持自己的人，展開翅膀，飛向更廣大的世界。

伊麗絲．桑德

二〇二〇年八月

Part

1

定義篇

如果你在童年時展現的自我經常被照顧者扭曲，甚至忽視時，

就容易產生羞愧感和「我有問題」的感覺。

第一章

羞愧的本質與功用

羞愧是一種不被愛或自己有什麼問題的感覺。卡斯騰．史戴局博士（Carsten Stage）在他談論羞愧的書中寫道，「羞愧」這個詞與「掩蓋」有關，就是讓某件事或某人隱藏起來。當你判斷自己是否感到羞愧時，他的解釋是個很好的線索。如果你有逃避他人目光的衝動，答案很可能就是肯定的——你確實感到羞愧。

每個人感受到的羞愧程度不一，最糟糕的情況是，我們失去了自我同理的能力，極度厭惡自己。

圖1是羞愧程度的量表。

最微弱的羞愧感，可能是對某件事感到有點丟臉或尷尬的短暫感覺，或是你會想要暫時避開別人的目光，這種感覺可能在你意識到之前就消失了。

羞愧程度再高一點的話，你的臉頰可能會發冷或發熱。程度越高，你就會越想縮小自己、不想引起任何人注意。你甚至不會意識到你低下了頭，肩膀下垂，整個人癱在椅子上。

使人感到羞愧的因素，每個人都有所不同。一般是在所屬文化中、整個家族、工作場所、家庭，或個人認為不可接受、尷尬或錯誤的事情。對某個人來說微不足道的事情，另一個人卻可能深感羞愧。你可能會為念錯某個字的音、襯衫上的小汙漬，甚至是發錯表情符號而感到羞愧，而這些事情別人可能只是聳聳肩就過去了，甚至根本不會多想。

強烈自我反感

自我厭惡

覺得自己不配成為人類的一員

覺得自己在各個方面都有問題

覺得自己在很多方面都有問題

只為自己的某一件事感到羞愧

感到非常尷尬

感到很尷尬

感到尷尬

感到一點點尷尬

好像有點尷尬的感覺

圖 1

羞愧帶來焦慮

當你感到羞愧時，你會害怕進一步揭露，害怕被群體排除在外。羞愧所帶來的焦慮非常強烈，因為我們大腦的運作方式，在某些方面仍跟遠古人類生活在熱帶草原上時一樣，在那個時候，落單一人太容易成為野生動物的獵物，因此被逐出部落就等於死亡。如果沒有可以依附的成年人，小孩子也無法生存。這就是為什麼在羞愧反應中，若有人注意到你的手在顫抖，你可能會感到非常恐懼，就像面臨生命危險一樣。無論是在我們共同的遠古過去，還是在現代的個人生活中，凡是你感覺到渺小並且依賴某人來照顧你的時候，都會出現類似的反應，這就是人類的本質。

你可能沒意識到它的存在

羞愧是很難以啟齒的情緒，而且我們往往也會因為不想深陷羞愧之中而感到羞愧。你也許並沒有意識到，羞愧就是孤獨和憂鬱的成因。

就算你的理智告訴你，這種事沒什麼好丟臉的，但你**仍會**感到羞愧。比方說，當你準備要告訴某人你被解雇了，你可能會手足無措、心跳加速、眼神飄忽不定。羞愧感深深根植於我們的內心，無法用理智輕易拂去。

關注以下兩類事件，能讓你找出羞愧的根源：

一、注意平時就會引發你羞愧感的事物。

二、即使受到的冒犯很小，卻會引爆你內心羞愧的那些事物。

引發羞愧感的可能有……

下面是一些會引起羞愧的典型主題和情況。這張清單可以無限延伸，這裡只是列出幾個例子。

你的外表

可能是實體方面的，比如你的身體或服裝，也可能是你髒亂的房子或汽車。

有一次，我發現自己沒有拉上褲子的拉鍊。最糟糕的是，我那天在上課，一直站在教室前面，渾然沒有意識到這一點。我感到非常尷尬。（傑考布，五十六歲）

自從我胖了三公斤，就不敢露出我的肚子了。比如說去海邊時，以前我都會穿比基尼，沒有任何顧慮，但現在不管天氣有多熱，我一定會外搭一件小洋裝，而且絕對不脫掉。（米列特，四十五歲）

你的情緒

無論是正面或負面的情緒，都有可能讓你感到羞愧。你可能會隱藏自己不合時宜的快樂，比如說當你發現你的薪水比對面的同事高。然而，大多數情況下，會讓我們感到羞愧的是負面情緒。很多人覺得被別人發現自己很緊張，是非常尷尬的事，因此他們會自動隱藏顫抖的手或出汗的腋下。

有時，當你為某事煩躁，也會引起羞愧感。

我男朋友經常送花給我。一開始，我是真心因他的體貼感到驚喜和快樂。但現在，他送的次數實在太多了，我很難再表現得很興奮，有時候我甚至懶得去找花瓶來放。我盡我所能讓自己看起來很開心，但心裡卻常常因為被這些花打擾而覺得很煩。我希望他永遠不會發現這件事。（皮婭，二十八歲）

你也可能會為缺乏情緒而感到羞愧，比如當你對一份禮物感到不高興，或你對某人沒有對方所期望的正面情感時。

你的需求

也許你有一種想隱藏起來的需求。

為了能在晚上做想做的事情，我白天必須小睡一下。幸好我可以自由安排工作時間，所以每天下午兩點到三點之間，我可以躺一下。這件事情只有我太太知道。但如果有人在我睡覺時敲門，無論我有沒有鎖門，我都會很緊張，因為被別人發現我在工作時間午睡，會讓我覺得很尷尬。（奧立，五十五歲）

或一種你認為是錯誤的欲望。

雖然我愛我的太太，但有時我會被另一個女人吸引，而且我能感覺到自己渴望她。絕對不能讓任何人知道這件事。（莫頓，五十七歲）

你無法決定自動出現的需求或欲望是什麼，因此你不應該為此受到責備。然而，它們卻會讓你感到深深的羞愧。

生活狀態

當你處於一種你認為不好的情況下，例如，你非自願地單身、沒有孩子或失業，那麼你很容易想像別人會看不起你。

自從我開始接受政府的經濟補助，我就不太想要出門了。我討厭別人問我是做什麼的，有時候我會說謊。一想到我被逼的為此說謊，我就害怕。但說出真相實在太痛苦了，我只得自動給自己一份體面的工作。（顏斯，五十九歲）

我開始獨居之後，星期六晚上就不再出去散步了。即使我需要新鮮空氣和運動，我還是待在家裡。因為週六晚上一個人出去散步，就好像是在告訴大家我是多麼孤

獨。（愛琳，六十二歲）

那些不是出於你自願選擇的情況，或你認為與軟弱有關的狀態，很容易讓你覺得自己出了什麼問題，或者讓你覺得自卑，進而感到羞愧。

理想自我形象的崩潰

很多人在當父母親時，都有覺得自己不完美的時刻。

在我有孩子之前，很確信身為父母後，我一定可以給予孩子很多。我讀了兒童心理學方面的書，了解育兒的真諦。但事實證明並非如此。我記得有一天下午，雨已經連續下了八天了，我一個人和孩子們一起待在家，我努力讓自己的心情保持愉快和正面，但最後，我累到坐下來哭。我覺得把情緒扔給孩子們太糟糕了，我的反應會讓他們產生不安全感。（莉絲，四十三歲）

當別人對你不好時

羞愧也可能是由於別人對你做了什麼事，甚至包括那些應該是對方該感到羞愧的事——亂倫受害者通常會感到羞愧，暴力受害者也一樣。很多人都不想讓別人知道自己受到了不好的對待，或是被拒絕、忽視或遺忘。這可能是發生在童年時期，是需要花很多年，才能鼓起勇氣去分享的事情。

我小的時候，大家都把我和姊姊拿來比較。爸爸說我應該要更像她，尤其是她的勤奮和冷靜。我在學校裡一直都很難跟上進度，而且沒辦法長時間靜靜地坐著。如果有人問及我的童年，我會說很好，在很多方面確實是如此。但我從來沒有告訴過任何人，大家都覺得我不如姊姊，而這讓我成了一個孤獨的孩子。（艾格內特，十八歲）

成年人的生活中，也可能突然發生不好的事。

我一直沒跟我太太說我被降職了，我只說他們派了別的事情給我做。有一位年輕同事接手了我原本體面的職位，我被調到一個沒那麼重要的部門，這些事情我隻字不提。（亨寧，五十七歲）

被羞辱或受到不好的對待，會增加我們的自卑感，讓我們想要隱藏。

你的弱點或上癮

各種形式的不足和無助，也可能會導致羞愧。

雖然我正在辦理離婚，而且已經好幾天沒睡好了，但我還是得去工作。我竭盡所能，讓自己看起來像是個能應付一切的人，但我的笑容顯得很僵硬，跟內心的感覺完全相反。這種企圖掩飾內心痛苦的嘗試，真的很可悲。（瑪麗亞，四十二歲）

我對抽菸感到不好意思，因此盡我所能去隱藏這件事，甚至和最好的朋友在一起時，我也會刻意躲到小屋後面去，這樣她就不會從窗戶看到我在抽菸了。（夏洛特，四十八歲）

治療師請我談談我的羞愧感時，我能感覺到，那並不是關於我受到了口頭的攻擊，比較像是我沒有能力捍衛自己。（彼得，四十五歲）

羞愧感的核心經常是一種**無助**的感覺。你總是希望別人認為你是個堅強的人，一個能掌控自己和自己生活的人，但事實是，沒有人能夠一直都是這樣的。

莫名覺得自己有問題的感覺

你可能會覺得自己哪裡不對勁而感到彆扭，卻又不清楚到底是什麼。你可能感覺到自己有一些缺陷，只是還沒發現是那是什麼。

十幾歲的時候，我有一種奇怪的感覺，覺得我的背很髒，但每次我脫下衣服檢查時，都沒有什麼東西。然而，只要我站在商店裡，就會有這種很不舒服的感覺，好像哪裡出了問題，每個人都會看到——除了我自己。（梅特，三十二歲）

當你因別人感到羞愧的時候

如果你覺得某些和你有關係的人很令人尷尬，當被別人看到你和他們在一起時，你就會很彆扭。可能是會酗酒，或是很窮、體重超重的父母，讓你覺得丟臉的也可能是你的伴侶或你的孩子表現出讓你尷尬的行為。

我哥哥有腦性麻痺，只能坐輪椅。我們還是小孩子的時候，每次星期日全家人出去散步時，我總是寧願走在大家前面或後面幾公尺處。一個小男孩彆扭又孤獨地獨自行走著。我害怕被人看到我和我哥哥在一起，同時我又因為不想讓別人知道他跟我有關係而覺得自己是個很糟糕的人。（保羅，五十二歲）

當我父親站起來發表演講時，我想爬到桌子底下躲起來。但我只是低頭盯著餐巾，希望自己看起來像是有在專心聽，這樣就不會有人發現我有多尷尬。（漢娜，三十二歲）

當你看到錯誤的事情時

你可能會因某些跟自己沒有關係的事情感到羞愧。醉漢在公共場所小便，會讓路過的人感到侷促不安；某個人說了一些讓人尷尬的蠢話，也會讓身邊的人產生同樣的不安感覺；看到某人齒縫裡有食物殘渣，或一個男人用傲慢的語言跟太太說話時，也同樣令人不安。這種侷促不安也屬於羞愧感家族，因為它也會引發尷尬和害羞。

如前所述，在羞愧可能存在的無數情況中，這些例子只是其中一小部分，但它們可以讓你開始認識羞愧感。

羞愧和內疚不同

內疚是關於你做過的事，而羞愧是關於你對自我的評價。通常，內疚是你能夠說出自己做了什麼或沒做什麼，所以讓你感到內疚。羞愧感就不一樣了，你可能感到羞愧，卻無法用語言確實表達出到底在羞愧什麼。你可能只有一種模糊的感覺，覺得自己有什麼不對勁、害怕暴露在他人面前，或感覺被他人迴避。

內疚和羞愧可能出現在同一個行為上。比方說你對你愛的人大發脾氣，你因為對她大吼大叫而感到「內疚」，希望自己能收回那些話。而當你看到自己所做的事情時，你又會感到「羞愧」：這件事顯示出我是個怎樣的人呢？我是個白癡嗎？我是個壞人嗎？

如果你感覺到的是「內疚」，你可以負起責任。「這是我的錯，我很抱歉。」這樣做會讓你找回自尊。但如果你覺得「羞愧」，你可能會說：「不是我做的。」你害怕自己的行為會讓你認清自己是不好的人。

內疚	羞愧
關於你做的事	關於你是怎樣的人
影響你的自信	影響你的自尊
你覺得有必要採取行動	你感到動彈不得和被動
道歉會有幫助	道歉毫無意義
通常可以彌補	你無法補償

另外，你可以藉由道歉和補償你所愛的人（例如送花或請對方吃飯）來減輕內疚感，但羞愧感是不同的，它很容易以懷疑自己和自己價值的形式，牢牢附著在你身上。

雖然內疚和羞愧經常一起出現，但能夠分辨出這兩者是很重要的事。為了擺脫羞愧感，你得用不同的方式對待它們。

羞愧是一個警報器

想像你體內有一個類似溫度計或氣壓計的感應器，它可以不斷測量你所屬團體能接受的界線在哪。當他們看著你的時候，它會監控他們的眼神，它會注意到小組成員在談論彼此什麼。例如，如果你身處的團體會正面看待那些與眾不同、獨樹一格的人，在這種情況下，你的社交雷達就不用那麼靈敏；但如果你在一個經常批評他人的團體中，他們曾經詆毀失業的人，那你可能就會不想透露自己目前或曾經失業過。當你身處一個容易評判他人的團體中時，你就會選擇退縮，避免出頭。

如果你內在的感應器發現你快要超過團體所能接受的界線時，一種以羞愧反應形式的警報就會響起。你的視線往下移，臉頰可能會發紅或發白，心臟開始怦怦直跳，所有思緒都是關於如何擺脫這尷尬的情況。

你的感應器會確保你**不會**做出任何會讓你被逐出團體的行為。你安靜的時候，它會稍微休息一下，但有時會像驚嚇盒裡的玩偶一樣跳出來，讓你嚇個半死。

然而，感應器也會出錯。事實上，你的感應器跟不上時代的步伐。例如，它仍然認為表現出軟弱會導致你被驅逐，問題是，今天的社會與我們大腦發展的時代已經大不相同了，單打獨鬥、個體戰鬥力強已經不再那麼重要了。相反的，那些敢表現出不安全感的人，反而比較容易與他人建立關係。有勇氣去感受和表現脆弱，對我們建立親密和愛的關係至關重要。我們生活在大草原上的時候，一切都是為了生存，但今天，我們有多餘時間和精力去尋找幸福，而愛的能力就是實現這個目標的基礎。因此如今，承認自己的不安全感，向你愛的人顯示出你的脆弱之處，就跟發揮你的力量一樣重要。

而每當你碰到自我意識中那些缺乏內在支持的部分時，因為你不確定自己是否沒問題，所以你的感應器也會發出錯誤的警報。感應器會偵測到你站在不穩定之處，並認為你即將跨過邊界。

關於自我形象中，缺乏安全感的部分是如何形成的，我們將在下一章探討更多。

過度羞愧會導致孤立

社交感知能力弱的人，在與他人相處方面的敏感度比較差。例如，他們可能在團體的談話中佔主導地位，無視其他可能想發言的人。除此之外，他們也可能感覺不到對方的尷尬，問一些太私人的問題，或者是在禮貌的擁抱時抱了太久。

如果你的羞愧感是相對溫和及短暫的，那麼它對你大多是正面的影響。羞愧感會引導你根據周圍的環境去調整自己的行為，所以你不需要任何人告訴你做錯了什麼，它自然會發出警告並阻止你，不讓你做出被同事、鄰居或家人討厭的事情。

如果感應器壞了，當你在團隊中受到矚目，甚至是當你只是想像受到矚目時，你就會開始產生羞愧感。這樣一來，即使有機會能增加你與團體之間的親密和創造力，你還是可能就此退縮。

因為羞愧感是一種**社會情緒**，所以如果你獨自一人在荒島上，它不太容易被啟動。羞愧感反應很強烈的人，在獨處時是最放鬆的，因此他們通常會選擇一種對他人隱藏許多面向的生活方式。然而，如果他們也對獨處感到羞愧，那麼就可能導致更進一步的羞愧感。選擇孤獨的生活是為了逃避羞愧，卻因為孤獨而更加羞愧，這是一種惡性循環。

不是獨自生活才會感到孤獨，即使身處在團體之中，你也可能會有一種身處荒島上，其他人都不了解你或你的感受的感覺。過度的羞愧反應往往會導致孤立。

練習

- 想想那些讓你感到羞愧的情況，並把它們列成清單。
- 思考一下，在你受到矚目的時候，你的社交感應器是否誇大了危險？
- 想一個你感到內疚或羞愧的場景，看看你能不能分辨兩者的差異。

本章總結

- 每個人感受到的羞愧程度輕重不一，包含輕微的不舒服到完全難以招架的尷尬感或無價值感。羞愧包含著一種恐懼，害怕被自己的伴侶或同儕、所屬的團體，甚至被整個社會排擠拋棄。
- 與內疚不同，羞愧感是無法透過道歉或彌補來消除的。
- 羞愧是一種社會情緒。發揮的好，它能幫助你輕鬆駕馭各種社交場合。但如果你有一個過度活躍的社交感應器，就算只是極輕微的受人矚目，你也會被羞愧的尷尬感覺淹沒。
- 每個人感到羞愧的情況完全不同，不過，有些情況比較容易讓人感到羞愧，例如讓我們感到脆弱和缺乏控制的那些情況。

第二章

長期羞愧感源自不和諧的互動

短暫出現的羞愧是一種健康的反應，它提供一種警示，提醒你快要跨越某人的界線，或是你即將做出你所屬團體無法接受的事情。但是，如果這種感覺一直縈繞在你周圍，一直覺得自己某些部分是錯誤的，那麼它就變成了長期的羞愧感。羞愧感持續的時間越長，你就越容易在羞愧感出現時做出過度反應。那種想逃跑和躲藏的衝動，會讓你難以招架地痛苦好一陣子，難以立即消失。

你也許在很長一段時間裡，都不曾感受到羞愧感的存在。但是生活中突如其來的某些事件、危機或引以為恥的一次失敗，都會導致羞愧爆發，突然之間，你會覺得自己的某些地方糟糕透頂。

當你反覆經歷不和諧的互動時，就會培養出「長期羞愧感」。

我們通常能在歸屬中找到安全感，特別是當我們與他人進行眼神交流時，會有一種身心交融的感覺，當你看著他人的眼睛時，會覺得**他們**真的看到了你，且能夠理解你。安全感也可以透過聲音來建立，像是以相同的語調回應對方，感覺彼此頻率一致。當對方注視著你的眼睛，以讓你感覺被看到的方式回應時，你將真實深刻地感受到幸福和合而為一。

相反地，當別人回傳的訊號，跟你發出的頻率不一致時，你可能就會感到困惑，或覺得跟對方頻率不合。這種不合的感覺，就是我所說的「不和諧互動」。

在幾次努力之後，我終於告訴男朋友，我很害怕失去他。我希望他確實看見我的脆弱，用溫柔的聲音回應我。但事實並非如此，他用一種無感的眼神看著我，回答說：「這種事情本來就是這樣。」口氣就像是在跟我聊他的新自行車。我覺得自己完全被拒絕了，這讓我很沒有安全感。（艾妮塔，五十二歲）

如果艾妮塔的自尊很高，她可能會認為她男朋友只是沒有心情和她交流，或是他可能誤解了她的意思。更可能她會逼問他，問他到底以為她是什麼意思。

當你表達的內容和得到的回應不一致時，你必須堅信自己是一個有價值的人。如果你的自尊心很低，在缺乏自信的情況下，很容易就會擔心是不是自己的問題。

自尊 v.s. 自我意識

「自尊」是你對自己的重要性和價值的自我評估。如果別人對你表現出興趣，給予你尊重和認可，你的自尊心就會很健康。自尊通常來自過往良好的經驗，那些讓你感到被關注、被重視和被喜歡的經歷。

「自我意識」幾乎是不言自明的，因為那是你對自己的感覺。從我們出生的那一刻起，我們就四處尋找另一雙可以交流的眼睛。我們藉由他人的回映（mirroring）❷來探索自己，尤其是透過他們注視我們的方式來認識自己。根據他人的反饋，我們確定自己內心的感覺是真實且被接受的，並發展出自我意識。

自尊是你對自己的評價，而自我意識是你對自己的感覺，兩者都和你這個人有關。而它們又與自信不同，自信是相信自己的能力，源於你過往表現很好的經歷。因為你在班上名列前茅，所以整個人自信滿滿，但與此同時，你可能對自己是誰、對自己的價值缺乏更深刻的認識。

有自信的人並不表示能抵禦羞愧感。你對自己的生活或許充滿了信心，但同時，你認為自己值得被愛的信念卻可能非常薄弱。然而，如果你的自尊和自我意識夠堅強，你就不會那麼容易受到羞愧的強烈打擊。當你得到愛的滿足時，自尊和自我意識就會提升。

對於讓你感到羞愧的情況，你的反應有多強烈或會持續多久，取決於你的自尊和自我意識，這兩者的培養都是透過與他人的正向互動，而當中影響力最大的是那些你年幼時的照顧者。

「被看見」的重要性

眼神交流是一種深層、令人愉快和安心的交流。有些人的眼睛是敞開的、平靜的，能夠妥善與人交流和回映對方。感覺自己被真正地看見，是一種肯定這個生命的強烈體驗。當一個人對你敞開心扉、毫無防備的時候，他允許你接近，也願意接納你，也就是說，當他回應你的時候，你能感覺到你們的頻率相同，你能從他的眼神、聲調、用詞和肢體語言中找到你自己。你發出和得到的都可能是非語言的訊息，但有時你甚至會有生理上的感覺，就好像他的眼神確實「觸碰」到了你，你感覺就像一個被懷抱在滿滿愛意中的孩子。通常這種經歷會觸動彼此，它讓你感覺到，在被對方看

❷ 指人們經由別人對自己的態度而形成自我概念，猶如一面鏡子能照出自己的形象，並帶有「確實看到、接納、承認對方的行為」的意涵。

到和認可的那一刻，你被看見的部分就這樣誕生了。

能夠與自己和諧相處，並有足夠的時間和體力的父母，較能夠給孩子正面的生活經驗，在與孩子相處的過程中，他們自然地調整自己，與孩子的表情、聲音、肢體語言和呼吸和諧一致。父母和孩子很快就會達到相同頻率，孩子也能夠從父母的反應中認識自己，這是讓孩子感知和認識自己是誰的關鍵，這樣的孩子較能發展出穩定的自我意識和強烈的自尊。

扭曲的鏡子

有些無法理解與回映孩子的父母，他們可能承受著從未處理過的創傷，這讓他們一直帶著精神壓力，也或許他們從未得到很好的回映，因此現在的他們必須用上所有的情緒能量來支撐並療癒自己，而無暇他顧。

當孩子的眼睛在尋找連結和感知自己時，如果父母不能實實在在地帶著愛予以回映，孩子就會對父母眼中的異樣感到困惑和困擾。

在最糟糕的情況下，照顧者和被照顧者的角色會互換：孩子會試著去配合父母的頻率，積極地回應父母，讓父母感到平靜與放心。當父母不能理解和回映孩子時，孩子唯一的選擇就是調整自己去貼近父母，換句話說，成為一面好的鏡子。孩子會努力展現出讓大人覺得輕鬆，也就是表現出一副不需要幫助的樣子，這樣大人就不會覺得自己有所不足或感到不安。在這種情況下，孩子沒有辦法認識真正的自己，自尊心也會很低，很可能心裡總是有種不真實的感覺。

在調整自己去理解孩子這方面，父母們或多或少都能做到。但是，大多數父母在某些時刻會遇到問題，比如說，面對他們自己也正在掙扎的議題時，或是當孩子表現出負面情緒時，他們對自己的表現沒有信心。

孩子哭的時候，我就會害怕自己是否做錯了什麼，擔心我是個不稱職的媽媽。我很難應付這種狀況，我跑來跑去試著搞笑，盡我所能讓他不哭。（瑪麗，五十六歲）

事實上，這是一種回映互換，當瑪麗看著她的寶寶時，其實是在尋找一些與自己相關的「訊息」。她沒有集中注意力真正去觀察和理解他，並認可他的情緒體驗，反而是專注於自己是否是個好媽媽。同樣地，她的兒子也沒有得到任何回映，從母親的反應中，他無法認識自己。媽媽沒有傳達給他：「你看起來不太開心，那沒關係。」瑪麗沒有在她的表情、聲調或肢體語言中，回映她兒子的情緒或心情，也就是說，他無法發展出一種可以在他難過時運用的自我意識。他的哭泣得到了這樣的回映：「**你不存在**。」而這種不存在的體驗，就是羞愧感的核心。

瑪麗不是個壞媽媽。她只是從來沒有得到妥善的回映，她無意識中是如此渴望得到它，以至於她對孩子的反應也不太妥善。也許瑪麗不知道對她的兒子來說，理解他的情緒，以同樣的頻率回應是多麼重要的事。也許她知道，但不知道該怎麼做。又或許每一次，她都被強烈的內在力量和難以抗拒的衝動驅使，想成為關注的中心，比如說扮演「有趣的媽媽」，希望得到寶寶微笑的認可。其他時候，她可能扮演著「明智的母親」，因為潛意識中希望別人認為她是一個「非常稱職的母親」，而總是試著建議並解決孩子的問題……不管怎樣，結果都是一樣的；她的兒子沒有得到回映，也因此沒有機會認識自己。

不只負面情緒，孩子的正面情緒也可能讓母親難以承受。

當我女兒爬到腿上想要擁抱我時，我會很焦躁不安。我有種感覺，她想要某種我沒有的東西。我喜歡按自己的想法做事，這讓我感覺很好，也很擅長，而不是被迫回應。（卡琳娜，三十三歲）

卡琳娜的女兒對愛和身體接觸的渴望，並沒有得到可以建立自我意識的回映。相反地，她的情緒被忽視了。當媽媽沒有以同樣的頻率回映她時，她可以感覺到媽媽在處理愛的方面有困難。她們並不是真正的「相視」，因為她們之間沒有真正的連結。得不到正確回應的孩子，會引發孩子體內的感應器尖叫「不對！」，因為對她來說，察覺到媽媽有問題是非常可怕的事情，所以她會認為是**自己**出了問題，而最有可能的出錯原因，就是「她需要愛和關注」。等到她長大之後，她很可能會對表現出愛感到猶豫和保留，每當她有想要去愛別人的衝動時，就很容易感到羞愧和不舒服。

被忽視或得到負面回映的，也可能是孩子的憤怒。

當我的孩子表現出憤怒時，我懷疑自己限制他們是對的嗎？還是我太嚴厲了？我花了很多精神跟他解釋為什麼他不能做他想做的事，最後兩個人都很沮喪，我覺得他無法理解我想說的。（卡洛琳，二十四歲）

當卡洛琳的兒子表現出憤怒時，她反而是專注在自己身上。卡洛琳不是一個壞媽媽，但她是個沒安全感的媽媽——她沒有得到足夠的內在支持來讓她做自己。她的兒子需要她看到他，並從她那裡得到回映，他的兒子必須知道表現出憤怒情緒是沒有問題的，無論如何她都愛他。她說的話語對他來說沒有意義，他需要的是她充滿愛地看著他，這樣的眼神能訴說著：「現在你很生氣，但你依然是我最可愛的孩子。」

如果她只在他表現出某些情緒時，才用愛來回映他，那麼他的自我感就會像一幅少了幾塊的拼圖，其他部分各自存在卻沒有相連。他的自我感知將是支離破碎的，缺乏整體性。當他開心的時候，他會覺得自己值得被愛，但當他生氣時，他對自己的所有信念都會落空，這會讓他的自我意識有消失的危險。

孩子對任何事情的體驗都比成年人強烈，所以這樣的情況對小孩子來說更是可怕，他們還沒有建立起自我意識，完全依賴與成年人的親密依附關係。想像一下，你正看著一面鏡子，而它把你的臉完全扭曲成一張怪物的臉，又或者是反映出一張完美而美麗，卻是你無法與真正的自己連結起來的臉。孩子們不會懷疑鏡子，而是**懷疑自己**，他們會有一種自己不存在的感覺。從某種意義上來說，如果你從未被看見，你就無法確知自己是否真的存在。被忽視或得到錯誤的回映，對孩子們來說是非常痛苦的事情，所以很快他們就會學會壓抑自己。

我們小的時候，都經歷過被拒絕、被忽視或得到錯誤的回映。英國心理分析學家彼得・福納吉（Peter Fonagy）在他二〇〇六年出版的書中指出，即使是最好的父母，在與孩子說話時，也有一半是錯誤的回應。不過，只要你能得到三成好的回應，讓你感受到確實被看見並充滿同情和理解，就算是建立起認識自己的良好基礎了。

好的回映能帶來的內在支持

我小時候數學就很好，我的數學能力得到了很好的回映，我父母和學校裡的老師都認為我是一個聰明的孩子。這就表示，今天的我意識到並且相信——我是聰明的，就算現在別人回映我的時候給出了不同的訊息，我也不會受到太大影響。

舉個例子，有一次我在丹麥奧胡斯（Aarhus）電影城的辦公室吃午飯，當時我周圍都是記者和其他熟知電影界的人。我很少看電視，對外界發生了什麼事只是略有耳聞。當時他們正在談論一部電影，我知道其中一個記者是電影製片，所以就問他是否執導了那部電影。突然間，大家全都安靜了下來，連一根針掉在地上的聲音都聽得見，大家看起來都有點尷尬。然後那個記者告訴我導演是誰。很明顯，大部分人都很清楚這件事，只有我不知道。我羞愧地低頭盯著桌子看了一會兒，但我的不適是非常輕微和短暫的；儘管我問了一個別人聽來很愚蠢的問題，但我依然知道自己是聰明的。

良好的內在支持在此發揮了作用。

你的內在支持來自你生命中一個或多個重要的人。如果是父母親，有時你處於一個具有挑戰性的情況下，彷彿仍能聽到他們說：「你可以的。」或是你在學校遇到一個很好的老師，他正面看待你，當你需要支持的時候，就可以把他們帶到你內心的舞臺上。

那些曾經讓我們知道自己是誰的人，某種程度上仍然活在我們的心裡，他們可能化為我們腦海裡的支持或批評的聲音。通常，我們有很好內在支持的某些面向，也是我們能夠對外好好表達出來的那些特質。與此同時，面對自己某些從未被看見或被承認的情緒或需求，這時我們就會覺得這些部份似乎有什麼問題。

缺乏回映會導致空洞

當我寫到「我確信自己是個聰明的人」時，我開始緊張起來，這是因為我缺乏「自己可以成為焦點」的內在支持。這讓我寫這部分時覺得很艱難，我不斷地安慰自己，稍後可以刪除這部分，才有辦法繼續提筆寫下去。

在我成長的環境裡，自吹自擂不是一件好事。也許我父親是擔心以後別人會因為我的驕傲而排斥我，一旦我覺得自己很特別，他很快就會貶低我，讓我不要自以為是。直到現在，當我對自己深感滿意時，似乎眼前還能清晰浮現父親不贊同的表情。

在你還是個孩子的時候，可能有一種特定的情緒、一種需求或是某個你自己的經歷，你試圖把它們展現出來，但總是被忽視，或被人以錯誤的方式回映。

當我小時候每次很不開心、很絕望時，我爸爸就會用像看陌生人的眼神看著我，他會說：「你沒有理由難過。」或是「少在那小題大作！」（格達，五十二歲）

成年後的格達，在親密關係中遇到一些問題。對她來說，與人建立親密關係，讓她感到筋疲力盡。當她感覺不好時，她寧願一個人。如果有人在不經意間看到了她的不快樂，她會很痛苦、感到沒有安全感、害怕被人看不起或拋棄。

即使你的某個面向現在缺乏內在的支持，但在往後的人生中，你還是有可能重新找到支持。若有人能確實看見你，並由他們的聲調、肢體語言回映出你過去被忽視的面向，同時細心地關注並接受你，這樣的做法足以深入你的內心，並顯示出「這個面向的你」很好，或至少是沒問題的。

那些你一直沒被看見的地方，是存在你自我意識中的空洞。它們是長期羞愧感的基礎。這不只是當你犯錯時所產生的暫時性羞愧，長期羞愧感是一種長期「覺得自己不值得被愛或自己出了什麼問題」的感覺。

練習

- 回憶一下，當你還是個孩子時，你得到了哪些回映？
- 你是否有些面向得到了很好的回映？
- 你現在有沒有一些被隱藏起來，需要溫柔和關愛的面向？

本章總結

- 為了發展出高自尊和健康的自我意識，必須藉由別人對你的表達和反應，回映出真正的你。
- 如果你幼時展現的自我經常被照顧者扭曲，甚至完全忽視時，就容易產生羞愧感和「我有問題」的感覺。
- 如果童年中經常出現扭曲或忽視的狀況，你會發現如今你不了解自己的某些面向。因此，當周遭環境要求你做出以前從未被回映過的反應時（比如快樂或憤怒），你會產生不安全感、感覺不真實，或是不知為什麼感覺一切都大錯特錯。

第三章

當自我意識出現空洞

當你被要求展露從未被回映過的面向、讓你感覺陌生的自己時，你可能會有些彆扭、害羞或緊張。比方說，你的憤怒在童年時沒有得到充分的內在支持，當你被激怒的時候，反而會突然怔住，一時間不知該如何反應。如果你以前難過時沒有得到充分的內在支持，而現在你在大庭廣眾之下突然被告知，你一直很期待的旅行被取消了，你的第一反應可能不是難過而是想消失，因為你想盡你所能地在別人面前隱藏不開心的情緒。又或者你以前遇到事情不知所措時，那種不安的情緒從未得到支持，而現在，你又被分配到一個你不知道該如何處理的任務。

當你面對自己缺少內在支持的那一部分時，你會感到很沒安全感，甚至有種不真實感，被輕視或被拋棄的恐懼可能會霸佔你的內心舞臺。

如果你站在一個缺少內在支持的地方，或是掉進自我意識的空洞中，那麼你的感應器很容易發出越界的警示。任何一點點被拒絕或放逐的風險都會觸發它，因為它相信你的生活有危險了，讓你的羞愧感爆發，這時你就會退縮，想找個地方躲起來，藉此保護你。

當你接觸到你人格中完整的部分時，你會感到安全，因為你的腳下踩著堅實的地面。比方說，你小時候感到快樂時，在大部分情況下，你都有得到健康且正面的回映，這樣一來，你會形成一種堅定的信念：相信自己是一個快樂的人。當你感到快樂時，你就能夠與自己和諧相處，社交時也能感到自在和放鬆。相對的，如果你小時候對自己沒自信時，經常被忽視或得到負面的回映，那麼現在若出現不安的感覺，就可能讓你連帶產生羞愧感。

當自己沒有安全感時，最親密的照顧者還表現出負面反應，這對孩子而言是無法忍受的。給出負面反應的照顧者，會讓孩子覺得是自己有問題。等到這孩子長大之後，每當她開始感到不安時，就會同時感到羞愧。

羞愧反應讓你像踩在不存在的地面上，或走在滑溜溜的冰面上，根本無法站穩腳步。當我們感到羞愧時，內在的警報器就會大喊著：「錯了！」她不明白，其實這意味的是她小時候曾經遭遇錯誤的對待，但是她卻認為問題出在自己身上，是自己「錯了」。

快速出現的羞愧感，讓你想把臉藏起來。你會感覺好像沒有辦法控制自己的臉部表情，彷彿你的內在狀態和臉部表情之間的緊密連結斷了。你的臉部表情連結到的內在根本不存在。你的自我意識中有一個空洞，一個不存在之處，**因為那裡的你從未被看見和得到回映**。

害怕被自己的空洞吞噬

當某個人觸及你從未被看見的面向，**那個不熟悉的自己**對你而言就像一個陌生人，那麼你就會感到羞愧和恐懼。你很可能會覺得缺少了什麼，因為害怕被自己的空洞吞噬，進而產生一種對消失在虛無中的恐懼。

這種時候，如果你壓抑自己想馬上躲藏起來的衝動，與別人分享你的痛苦，你會發現你以為的巨大怪物，實際上是無害的小動物。就好像你在半夜的床上被奇怪的聲音嚇個半死，但當你打開燈，發現原來只是一隻小蝴蝶在窗邊拍動翅膀的聲音。

我生命中曾經有一段時間，完全失去了想要活下去的欲望。事實上，我認為死亡是一種解脫。這種事情我無法告訴任何人，我覺得如果我告訴別人，他們會不知所措，而且顯得我一無是處。

但我很想讓自己感覺好一點，所以雖然我很害怕，我還是在一個自助小組裡大聲說出來。結果，小組長看起來並沒有我想像中的那麼震驚，她說：「所以你是那種偶爾會把死亡當做一種解脫的人。」

我當時目瞪口呆，我真的可以那樣嗎？是的，可以。

突然我感覺到了，我並沒有變成一無是處的人，而是變成了一個偶爾把死亡當作朋友的人。當我從小組長的表情中看到這樣的回映時，感覺也沒那麼糟。我接受偶爾會變成這樣的自己，我覺得自己更完整了。（蘇珊娜，四十二歲）

那次經歷之後，蘇珊娜的內在空洞被鋪上了堅實的地板，不再那麼可怕了。而且，她發現自己對死亡的觀念，其實是源於內心深處對改變和認真生活的渴望，她也開始朝這個方向邁出了第一步。

在處理羞愧的問題時，我們要做的，就是把光照到這個議題上。我們需要一雙同理心的眼睛帶來的光芒，讓我們了解即使靠近自己的恐懼，也不會被意識中的空洞所吞噬。

自我意識存在著空洞

無論大小，每個人的自我意識中都有空洞。**空洞的數量越多、規模越大，你就越難放鬆**，也就越難在其他人身邊感到自在又有活力。

圖2中的白色區域就是蘇菲自我意識的空洞。當她的注意力在空洞外的其他部分時，如她獨自一人沉浸於喜歡的事，或者和最好的朋友一起談論她喜歡做的事情時，她是感覺安全的，像踩在堅實的地面上。

蘇菲的父母在調節到和她同頻率、給予她關愛和健康的回映上，做得不太好，這解

圖 2

釋了她自我意識中所有空洞的來源。基本上，她總是覺得自己一定有什麼問題，哪怕是最輕微的事情，也會讓她感到羞愧。

星期五下午和大家一起去過酒吧之後，我就很難放鬆了。我回想著自己說過的話，然後立刻發現了一件很尷尬的事，真希望我當時能換個說法。當我把注意力集中在別人會怎麼想我時，我感覺自己沉浸在羞愧感中，縮到了角落。更不幸的是，我的想像力非常豐富，特別容易往負面消極的方向去想。（蘇菲，二十二歲）

如此多的不安全感是極大的負擔，會降低你的活力和生活品質。

另一個「感覺腳下懸空」的例子是愛琳。她說：

我必須把每一件事都做到最好，不然我沒辦法喜歡我自己。（愛琳，三十二歲）

很可能小時候，只有愛琳在某件事上做得非常出色時，才有良好的連結和正面的回映。當她展現出自己的其他面向時，就沒有人在一旁支持她。

走鋼索的活著

愛琳有的時候會覺得自己像在走鋼索，她必須迴避自己內在的空洞，導致她幾乎沒有多少堅實的地面可立足，和他人相處很容易讓她筋疲力盡，她沒有意識到自己為什麼總是很快就耗盡精力，但這其實是很自然的結果——因為她空洞的部分比較多，使得她總是難以放開自己，和其他人自在而充滿活力的相處。

如果你像愛琳一樣，自我意識中有很多空洞，你會發現自己很容易感到羞愧或尷尬，這表示是時候修補這些空洞了。當你在空洞中填補進自我意識，讓內心自由，其他部分也會跟著成長。關於如何修補內在的空洞，我將在本書的第二部分詳述。

練習

- 回想一個讓你感到羞愧或尷尬的情境。
- 畫出你自己的內在意識和空洞，寫下你認為缺乏內在支持的部分，例如「當我犯錯時」或是「當我對某件事很有熱情時」。

本章總結

- 當整個情境需要你展現自己不熟悉的一面，沒有人用愛的目光觸碰過的一面時，你會感到彆扭、沒有信心。當你展現自己得到良好回映的部分時，你會感到站得很穩、很有安全感。這兩者給人感覺完全不同。
- 如果你的自我意識中有一些空洞，你很可能為了迴避它們，並努力在其他人面前表現出正常的樣子，而花費過多的精力。

第四章

羞愧會阻止你說出來

對羞愧感的恐懼，會讓你去做別人希望你做的事，而不是你自己想做的事。你很可能已經有好一段時間不敢做自己真正想做的事，因為你害怕別人會怎麼看你。

我先生是個很喜歡社交的人，每週末都想到城裡去，或邀請客人來家裡。我則很希望週末是完全不用社交的日子，但我就是很難對所有的社交活動說不。在想像中，我已經能聽到我那外向友人的聲音：「怎麼了，你不舒服嗎？」我不想讓別人覺得我很奇怪。（索尼婭，三十八歲）

有些時候，你可能會因為害怕面對某種讓你羞愧的眼神或言論，而壓抑自己的某些面向。你的長期羞愧越是嚴重，當有人不贊同你而皺眉時，你的反應就會越強烈。我們常常會因為擔心別人的想法，而錯過自我成長的機會，使得我們無法做自己真正喜歡做的事。

我在工作上很有自信，我很清楚自己在做什麼，每當有技術問題需要解決時，我都是最關鍵的人。但在員工餐廳吃午餐時，我就變得很安靜，並不是因為我對大家談論的話題沒有興趣，其實有好幾次我都已經要說出口了，但就是有什麼東西阻止了我。我害怕我的觀點很奇怪，而且每個人都會發現我很奇怪，只有我自己不知道。

（賈斯伯，四十四歲）

表達自己的觀點需要勇氣。**如果沒有人支持你，你必須懂得支持自己**。就算所有人都反對你，你也要肯定自己，為自己挺身而出。一般來說，這是你從別人支持你的經驗中學到的事，但如果父母沒能注意到並支持你，你就會缺乏內在支持的基礎，這表示你必須開始建立對自己的支持。

為什麼會覺得與人對話很難

對話基本上很簡單，一個人丟出一個話題，另一個人聽到後給出反應：「你這麼說的時候，我覺得……」，或「當你有這種感覺時，我在想……」接著，第一個人根據對方的反饋，再繼續做出回應。這沒什麼難的，是一場有趣、流暢、單純的交流。

然而，一場深入且親密的對話，就需要能夠並且敢於接觸自我的雙方。如果深入且親密的對話對你來說很困難，那可能與羞愧有關。很可能有什麼是你或你的對話夥伴害怕碰觸的部分，你們當中的一個或雙方都感覺到自己內在的空洞，當對話接近各自羞愧之處，交流就會突然變得很僵硬，一切都顯得尷尬和不對勁。

如果你對自己某方面的無能感到羞愧，或是你有些不想讓另一個人知道的感覺，你可能就會在對話裡試圖繞過這個話題。

我把最要好的同事對我的看法看得非常重要，因此當我發現她一直在忽視我時，我心裡很不好受。我覺得很彆扭，所以我暫時離席，到洗手間去試著控制住自己，直到我能帶著微笑回去。（瑪麗，三十二歲）

圖3代表了兩個人的對話，他們都有自己感到羞愧的部分，而且也都或多或少知道自己羞愧著什麼，所以對話時，只要避開這些部分，對話就會很輕鬆，想說的話也會自然脫口而出。

如果你長期忍受著各種羞愧，事情就會變得比

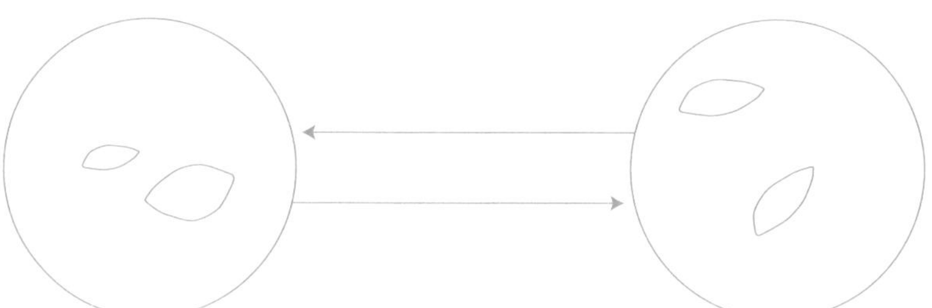

圖 3

較困難了。**羞愧感會阻礙你思想和情緒的自由流動與表達。**

愛琳娜的自我意識有著嚴重的空洞，她在成長過程中沒有得到太多支持，因此她很常在他人面前突然感到彆扭或不舒服。

愛琳娜知道自己會感到羞愧的原因——比如她臉紅的時候、她的頭髮看起來油油的時候，或是她犯了錯的時候。不過，她的自我意識中也有她不知道的空洞，偶爾她會覺得自己就是有哪裡不對勁，對自己是不是值得被愛深感不安。所以，除了害怕臉紅或講錯答案外，她還害怕某些連自己都不知道是什麼的東西，她害怕那種「墜入虛空」或「分崩離析」的感覺，害怕自己不知道該說什麼的尷尬情境。

對愛琳娜來說，參與對話會讓她有點緊繃，她害怕被誤解或被反駁，因此她傾向於保持沉默，避免失言。她害怕像走在鋼索之上，也害怕無法控制自己的臉部表情。

如果她能有效壓抑住焦慮，從意識中清除掉覺得自己有問題的信念，她可能會變得很健談，但她的滔滔不絕會缺乏情感深度，讓人感覺無聊。

然而，愛琳娜是一個敏感的人，不太擅長壓抑。由於她也有很多長期羞愧感，所以看起來總是很緊繃、很拘束。因為不知道該說什麼，所以她通常都很安靜。

貝妮狄特是她的同事，圖4是他們對話的圖形。談話後，貝妮狄特覺得愛琳娜應該放開自己、輕鬆一點，但是愛琳娜太害怕超過自己內在支持的極限。每當跨過這條線，就會引起她羞愧的反應。

愛琳娜過著孤獨的生活。她一個人的時候很放鬆，但她也有和他人相處的需求。然而，當她真的和某人一起時，她又會緊繃起來，懷念起讓她自我感覺較好、放鬆的獨處時光。

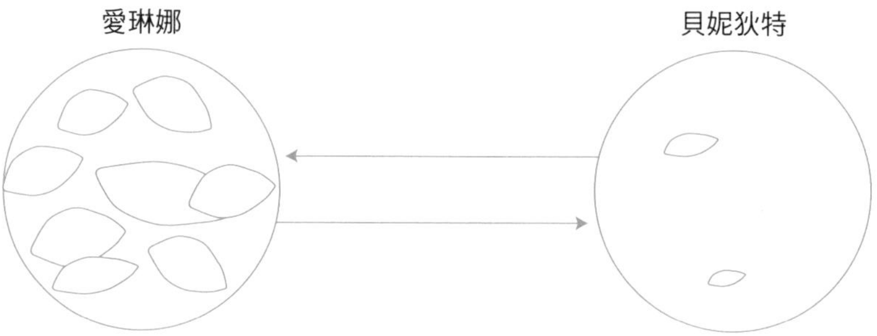

圖4

解決之道在於，愛琳娜必須努力發展她的自我意識，這很值得，因為當她在努力掙脫羞愧感之際，她也會發現內在更自由的擴展，她就能夠放鬆下來，不再害怕在其他人面前做自己。

練習

● 思考一下，有什麼阻礙你暢所欲言？

● 你討厭別人看到你哪些部分？

● 你是否有時會在對話中突然不知道說什麼？

● 你是否會因為擔心別人的否定，而放棄做你喜歡的事情？

本章總結

- 害怕別人的批判會使我們專注於做別人認為正確的事，反而無法做自己真正想做的事。
- 當我們鼓起勇氣走上前去，準備表明立場的那一刻，羞愧或對羞愧的恐懼可能會迫使我們退縮，繼續閉口不提。
- 當某種情緒需要你觸及缺乏內在支持的面向，或你不熟悉的面向時，你很可能會感到彆扭或緊張。
- 羞愧感會阻礙對話自由流動，它會讓你變得僵硬，像一條突然結冰的河流。

第五章

為了抵抗羞愧而出現的「虛假自我」

英國兒科醫生和精神分析學家唐納德．威尼科特（Donald Winnicott）認為有「真實的自我」和「虛假的自我」。當父母看見並回映孩子所有的情緒與表達時，「真實的自我」就會顯現出來。孩子會從父母對她的回應中了解真實的自己，並形成穩定的自我意識。如果父母能在關愛的氛圍中回映她，她就會相信自己是一個值得被愛的人。

相對的，如果父母無法去回映她，她就會缺乏發現自己的必要工具。她無法體驗到為了發展穩定的自我意識，所必備的回映經驗或和諧的互動。最糟糕的情況是，她根本不知道自己是誰。

如果父母不能滿足孩子愛的需求，她不會拋棄父母，而是會放棄這種需求。如果日後她自己或其他人發現她內心深處是多麼渴望關注或渴望愛，她就會為此感到羞愧不已。

孩子真實的自我如果沒有得到愛，就會發展出一個「虛假的自我」，這個虛假的自我認為自己不需要父母無法給予的幫助，努力成為一個在情感上獨立自主的人，如果父母希望她成為某種人，她甚至可能會努力在那方面表現傑出。

我也曾經試著成為另一個人。十八歲時，我以自己是個「不需要從任何人那裡得到東西」的人感到自豪，甚至有點鄙視那些依賴別人的人，包括在這種依賴中涉及的所有妥協行為，都令我感到屈辱。在嘗試成為一個沒有需求、高人一等者的過程中，我用一條厚厚的毯子蓋住了我所有的羞愧，並避免讓自己身處被拒絕的風險中。假如我向別人伸出援手卻被拒絕，就會讓我的情緒爆發，因為我完全沒有這部分的內在支持。

在我的成長過程中，就算感到不舒服，還是必須假裝一切都好，這就是我的「虛假自我」保護我的方式。在我的生活中，我也有過這樣的經歷，當我表現得很好時，我就會說服自己：我跟其他人不一樣，我很堅強，不需要和任何人建立緊密的情感連結。

你可能也有一些關於你想成為什麼樣的人，或者你必須成為什麼樣的人，才能被愛的想像。有時候，我們腦海裡的想像畫面實在太過生動，以至於你認為這就是你真正的樣子。

我們沒有一個人是被全面而完整地看待的，我的意思是，每個人都有某些面向，是由虛假的自我介入，並取代了真實的自我。我們被父母看到的面向越多，與父母的情感越和諧，真實的自我就會越強大，也就更加能夠與他人建立親密的關係。

有些人在與真實自我沒有太多連結的情況下，似乎也跟其他人相處得不錯。你可能就認識這樣的人，比如說，她可能是一個活潑、健談、看起來很快樂的人，但你會發現她的快樂無法感染其他人，也很難和她有眼神和情緒的深度交流。

追求成功，是為了逃避羞愧

如果你很少從父母那裡得到良好回映的經驗，你的真實自我將會與「被拋棄和羞愧的痛苦」連結，因此虛假的自我認為自己是強大、無敵又獨立的，每一次成功的經驗都會強化虛假自我，暫時緩解你羞愧和被拋棄的感覺。

每當我在 Facebook 上放自己和家人玩得很開心的照片時，我就會感覺很好。當讚和支持的評論源源不斷地湧來時，會讓我完全忘記自己其實是沒人愛的。（卡米拉，三十二歲）

我很喜歡分享成功經驗的自己，我覺得這時候的自己很強大、很有魅力，大家都不知道，我其實常常感覺自己是多麼失敗。（顏斯，二十八歲）

你可能也有過這樣的經歷：在某些時刻，感覺到自己已經克服了生活中各種問題，你忽略了其他時候讓你覺得不舒服的事情。這讓你更努力去追求成功，才能掩蓋你的羞愧，逃避自己好像有什麼問題的感覺。

我想要在每件事上都做得很好，最好是能贏過我視為競爭對手的人，這就像是我與生俱來的渴望。如果我發現有人比我好，就會感覺很糟糕，我會為了避免這種感覺出現，比其他人更努力工作，甚至根本不休息。（席尼，三十五歲）

「永遠都必須比別人好一點」的想法會帶來壓力，這會使某些人過度賣力工作，甚至把自己的健康置於危險之中。而他們真正在做的，其實是滋養虛假的自我，它會越來越強大，但永遠不會完全滿足，因為它無法獲得真正的親密感。因此，虛假的自我始終堅持不懈，無法歇息。

有時候你會在人生中設定一個目標，或單純期待未來發生的某件事情能澈底改變你的人生，你認為：「我做到這件事之後，真正的人生才算開始」，但是當你到達目的地時，還是感覺到空虛，這種空虛感會讓你很快地把注意力轉移到未來的新轉捩點，或不同的目標上。

這是生死攸關的事，我覺得我必須隨時都在奮鬥，我必須達到我的目標，而且太快達到也不行。如果我停滯不前，甚至後退了幾步，我就會開始害怕自己沒有能力面對生活的挑戰，害怕會對我的情緒造成影響。（亨里克，三十八歲）

亨里克的壓力可能來自於感覺自己被遺棄的痛苦，只要稍有猶豫，這種痛苦就會抓住他。他一直在逃避這種被遺棄的痛苦，但他沒有看到的是，如果他想找到自己，重新接受脆弱，並具備開放和接近他人的能力，他必須學會和這些感覺共同生活。

神奇又無敵的「虛假自我」

在我二十多歲的時候，有天晚上我做了一個夢，直到今天我還記得，是關於一座美麗城堡的夢。我站在城堡裡面抬頭往上看，看見了一座又一座有著華麗黃金裝飾的拱頂，我看著黃金上閃爍的光點，感到為之一振和快樂。突然我低下頭，快樂瞬間消失了，我光著腳站在沙上——這是一座建在高架之上，距離地面好幾英吋的城堡。風吹過沙子，沙粒拂過我的腳。這座城堡沒有地基。

通常當人們夢到房子的時候，指的就是自己，所以這個夢讓我很擔心。從孩提時代起，我就煞費苦心地想弄清楚人們喜歡我什麼，然後只展示出自己討人喜歡的那一面。當我想跟別人交朋友時，我會贊同他們、讚美他們，用各種方式取悅他們，即使如此，我始終不明白為什麼我總是很難交到新朋友。

現在回想起來，就像我的夢一樣，我缺少了地基。如果我感覺不到「**我是誰**」或「**我想要什麼**」，這表示我不能展示和表達出來；我與他人的互動中缺乏了情感，這意味著我無法在情感上與他們溝通，卻總是想著怎樣做才能讓別人喜歡我。

當虛假的自我站在燈光下，你也許會感到強大，但你將難以與他人產生任何情感的共鳴，因為指向你的需求的「真實自我」被隱藏起來了。

對渴望愛感到羞愧的你

我們生來就有與他人建立連結的能力。在人類的設計圖中，我們自然而然會想與他人連結，就像鳥兒天生知道如何築巢一樣，連新生兒也知道如何用愛與另一個人建立連結。如果嬰兒周圍沒有人能夠提供愛和連結、讓嬰兒感覺被看見和接觸的關係，那麼對愛的渴望就會與羞愧感聯繫在一起。

如果你對愛的渴望沒有內在支持，你會特別害怕充滿愛意的眼睛。如果有人給你溫暖和同情的眼神，你會立刻低下頭或轉移視線。關心的眼神會向你的真實自我發出強而有力的邀請，這將會激起你的情緒。當你的真實自我受到擾動時，它會喚醒你一直壓抑著的被遺棄的痛苦。然而，你可能只會注意到你在充滿愛的人身邊會感到不安全或不舒服，因此與他保持距離。

我喜歡陪伴，當別人因為我為他做的事而高興時，我就會非常開心。我自己並沒有太多的陪伴需求——至少我是這樣認為的，直到有天我醒悟到不是這麼回事。

我的新老闆，偶爾他會用關心的目光看我，這讓我覺得很奇怪，好像我體內發生了我無法控制的事情。我避開他的目光，盡可能和他保持距離。但即使當我回到家獨自一人，他關切的眼神也會突然出現在我腦海裡，喚醒我內心某種似乎很危險的東西。當發現我內心的某部分想向他伸手請求幫忙時，我羞愧得呆住了。

這讓我非常害怕即將到來的員工績效評估，感覺就像世界末日。當我坐在老闆面前的椅子上時，我立刻開始談起別人，說我非常擔心這個人。「等一下。」他說，然後他就坐在那裡看了我幾秒鐘，同時我心裡展開了一場激烈的衝突，然後，他問了我最害怕的問題：「那你呢？你好嗎？」接著，我最恐懼的事情發生了：當我向他保證我很好時，我的臉開始顫抖，眼裡充滿了淚水，我陷入了羞愧之中。「難過是沒關係的，」他說：「就哭吧，偶爾我們都需要這麼做。」

接下來的對話我都不太記得了。但漸漸地，我開始感到平靜了一些，也感覺和他眼神接觸沒那麼危險了。現在他已經看到了我最糟糕的一面，幸好沒有人受傷。事後我覺得奇怪，這一切當初看起來怎麼會那麼可恥和危險呢?當他說難過也沒關係、每個人都需要哭的時候，聽起來非常正確。但是在那之前，這對我來說是絕對的禁忌。

（莉琪，三十九歲）

莉琪認為自己能夠在情感上自給自足，不需要從別人那裡得到任何東西。但是她老闆關心和在乎她的眼神，喚出了她真實的自我，讓她覺得彆扭不安。她經歷了一場內心的衝突，破壞了她的情緒平衡。她的真實自我渴望被老闆充滿同理心的眼神看見，沐浴在那樣的光芒中，體驗真實，感受它的存在。另一方面，她的虛假自我保護著她，不讓她去感受被拋棄的感覺，這是因為她為了生存，不得不去壓抑這些感覺。

為了避免意識到自己在這個世界上是多麼孤獨，所以她把自己拋在腦後，去適應她缺乏愛的家庭，成為不依賴別人的人。

在莉琪內心深處，老闆關心的表情讓她感覺受到邀請，但她因焦慮而僵硬，並試圖繼續隱藏。幸好，最後她能正視老闆的眼睛，而他表現出善意，並接受莉琪感到羞愧的一面，這個良好經驗讓她有機會擁抱它們，變得更完整。

「虛假自我」無法忍受親密

有些人靠得太近，會引出虛假自我不承認的真實需求。

當我年輕的時候，我只會愛上那些對我沒有特別興趣的保守男人。我想像我們是天造地設的一對，要是我能說服對方就好了，但這從未發生過。

當我遇到一個溫暖又對我感興趣的男人時，我幾乎感到噁心。他有時候讓我感到很有壓力，我很快就把注意力集中到他身上令我討厭的特質上，例如他說了些我覺得聽起來很傻的話，或者他的長相不是我的菜之類的。（愛琳，四十二歲）

從小，愛琳的母親就與她關係疏遠，她在處理情感方面有嚴重的問題，此她也沒有足夠的力量和精力和女兒相處，更遑論是以女兒想要的方式了。愛琳就這樣發展出一個虛假的自我，她認為自己不需要與他人在情感上有溫暖的交流，她決心努力工作，全心追求成功。

當一個溫暖而有愛的男人想和她一起，想和她建立親密關係時，他喚起了她最真實的部分：她的真實自我，以及它所有的需求。

這些年來，在經歷了那麼多次糟糕的約會和短暫的戀情之後，我遇到一個溫柔體貼的男人，我試著強迫自己不要逃跑。通常我在和他約會之前和之後，都會感覺很不安。當我試著別那麼緊張和他做愛後，有時我會在半夜醒過來，不知所措，被拋棄的

感覺淹沒了我。（愛琳，四十二歲）

起初愛琳認為是這段關係有問題，她問自己：我為什麼要和一個讓我感覺那麼糟糕的男人在一起？事實是，這個溫暖而充滿愛的男人，正在牽動著她的真實自我，而這個真實自我與被拋棄的感覺連結在一起。

我以前的老師，丹麥格斯塔研究機構（Gestalt Institute）的負責人尼爾斯・霍夫梅爾（Niels Hoffmeyer）曾經說過：「那些帶著深刻、真誠的愛接近我們的人，反而會引出我們內心最糟糕的感覺。」對於像愛琳這樣的人來說，她可能會想甩掉這個男人。然而，這是一個可悲的解決方案，只會讓她陷入惡性循環。**因為想要前進，就必須承認真實的自我和它的各種感覺，包括被遺棄的感覺，並與之共存**。只有這樣，我們才能變得完整。

用憤怒和蔑視當武器

如果一個人感覺親密感像是種威脅時，憤怒或厭惡就成了順手的武器，讓你用來與人保持距離，或用來抑制自己對愛的渴望。這時的你，就像受傷的孩子生氣地跑開，哭著說：「我要走了！你再也見不到我了！」但在孩子的內心深處，卻渴望著有人攔住他、有人看到他。

基爾德的父母不明白他發出的訊號，也根本看不到他是怎樣的人。他們放任他自己成長，讓他孤伶伶的待在那裡，不曾試圖尋找或觸及他的內心。久而久之，他自己也與內心深處的自己失去了聯繫。

我太太偶爾會充滿愛意地看著我，這是一個讓彼此更親密的邀請。但不知道為什麼，這讓我很不舒服，一開始我以為她可能別有用心，或是她有些事沒有說實話。但現在我很了解她，知道她很誠實，只想給我最好的。

但當她那樣看我時，我還是會坐立不安。這讓我感覺很脆弱，我可能會提起她犯過的一些錯誤並誇大它，比如，她忘記買某樣東西，在我口中變成了她總是忘記我的需求，只想到她自己。有時候我真不明白我為什麼會表現得那麼刻薄，就好像有個刻薄的傢伙突然闖進來，把我牢牢控制住了。（基爾德，五十五歲）

有些你認為難以理解的反應，它的源頭可能就是羞愧感。基爾德不知道他為什麼對太太這麼刻薄，因為他不敢冒險讓她喚醒他對愛的渴望，多年來，對愛的渴望會讓他產生被拋棄的痛苦感覺。如果被她看到他內心是多麼的貧瘠，他會感到非常羞愧。

當她靠得太近時，他那些憤怒和厭惡可以保護他，在彼此間拉開距離，隔離她以及他自己內心深處的情緒，他認為這樣可以逃避痛苦，得到內心的平靜。但他沒有意識到，他為了達到內心平靜所付出的高昂代價，他不知道，**他需要和她保持距離，是因為他對渴望愛的真實自我感到羞愧**。因為他無法承受這種羞愧感，所以無法接受真正的親密。只有當雙方都勇於與自己連結時，真正的親密感才會出現。

從童話世界走出來

安徒生童話《醜小鴨》，講的是一隻誤出生在鴨群裡的天鵝寶寶。因為它看起來和其他鴨子不一樣，所以總是被嘲笑。在經歷了許多磨難之後，這隻小灰鳥長成了一隻美麗的白天鵝，並加入了其他天鵝的行列，和鴨群不同，牠們衷心歡迎牠到來。

如果你對自己現在的生活不滿意，可能會對鴨群裡的醜小鴨有股深深的認同感。你會有點輕蔑地看著周圍的人，就好像他們是不值得你付出陪伴的「鴨子」一樣，暗地裡你可能只把他們當作暫時的朋友。與此同時，你努力想要變得出色或完美，讓其他「天鵝」注意到你，最終衝進來解救你，脫離受盡羞辱、經常妥協、偶爾忍受被忽視或被冷漠對待的生活。這個夢想可能或多或少存在你的意識裡，希望自己有一天能夠從此過著幸福快樂的生活，再也不會有失落感。

然而，生活在這個夢幻世界的代價太高了——安徒生自己可能就付出了這樣的代價。據我們所知，他一生中從未和任何人有過親密的關係。**親密關係，需要你敢於**

和其他人一樣：展現脆弱、需要愛。你要敢於觸及自己的情緒，包括你一直在逃避的被拋棄感。

當你感覺很糟糕，難以處理這種不舒服情緒時，當然會想逃離到一個想像的世界裡，幻想有一天一切都會變得很好，憑藉著這一點小小的安慰，你會不停地嘀咕：「撐住，撐住，一切都會變好的。」

當涉及到情緒時，「撐住」通常等於是「壓抑」：壓抑它們，遠離你的身體，讓它們保持在一定距離之外。在很多情況下，能把自己從內心的混亂中分離出來，是非常寶貴的能力，比方說在你一邊處理離婚，一邊還要集中精神完成工作時，或是你很害怕某件事，但又得振作起來完成它時。但是，如果這種「壓抑」變成永久的，最後你會生活在幻想中，幻想未來的生活一切美好、沒有困難，那就有問題了。這種未來可能是你找到了一個更好的房子，或你通過了考試、找到了合適的工作等。然而事實上，沒有煩惱的生活是不存在的。但是，如果你有勇氣把那些被驅逐的情緒重新邀請回來，你就會變得更完整，也更加能夠應對逆境。

感覺就像我必須奮力穿過一條痛苦之河，去見彼岸那個愛我的男人。（愛琳，四十二歲）

只有當我們敢做一個普通人，一個需要他人且有時會失敗的人時，我們才能進入一段深厚溫暖的人際關係。想成為超人的人，會變成孤獨之人。

回家

要從這個夢幻世界走出來，是一條下坡路。當你放棄追求完美或美妙的時候，你會覺得是一種損失。我明白，承認自己「把問題歸咎於最親近的人」、「總是把注意力集中在他們的錯誤上」、「幻想丟下一切，逃避現實」的感覺也很糟糕。你感到空虛的真正原因，是你還沒有勇氣活在當下的情緒裡。停止把自己看作一個了不起的人，意識到自己其實很平凡，一開始會感覺很失望——我自己就有過這樣的經驗。

離開多采多姿、沒有失敗或艱難的夢幻生活，回到看起來擁有不多快樂的當下，對我們來說並不容易，但這是我們獲得幸福的唯一機會。

如果你也必須從山上下來，承認某些關於自己的事實，請不要忘記愛自己。你只是陷入了某種不幸的模式，而你曾經把它作為一種有創意的解決方案，想解決你的困境，這個方案或許曾挽救了你的心理平衡。但也可能你很久以前就希望自己能跳出這種模式。與年紀無關，當你不再為過去悲傷時，你會意識到愛別人的機會仍然有無限多。而那種像在走下坡的感覺，事實上是你的覺知正在成長。

練習

- 想想看，你是否逃避被人充滿關懷與愛意的注視著？你是否允許自己感受和表達對愛的需求？
- 你是否曾經因為需要別人幫忙而感到有點尷尬？

本章總結

- 為了減輕羞愧感，我們必須勇於展露自己，這是為了找到勇氣來支持我們的需求、不安全感、憤怒以及內心的一切。我們試著克服羞愧，是為了獲得更大的自由來做自己，問題是，當人感到羞愧時，最害怕的就是展露自己，因此我們很容易就會半途而廢。
- 當我們努力想勝過別人、做得比別人更好時，通常是為了緩解「自己好像有什麼問題」的感覺。
- 只有當我們敢於做一個平凡而脆弱的人，有勇氣接受充滿愛的注視時，我們才能克服羞愧。

Part

2

工具篇

你越是去處理羞愧感，自尊心就會越強，

再遇到相似的情境時，你對羞愧感的抵抗力就會越強。

與大多數心理問題一樣，擺脫羞愧感和修復自我意識空洞的常用療法，就是「**愛**」。被人看見和關心是一種幸福感，就像是在說你的存在和你現在的樣子，完全沒有任何問題。這本書沒有寫到這裡就結束的原因是，你不可能就這樣跑出去，撞上一雙充滿愛的眼睛，並且享受它們帶給你的療癒力量。可以的話，你老早就這麼做了，但你一直無法這麼做的原因是，當你的羞愧感被喚醒時，你會與他人保持距離，只想隱藏起來，尤其是避開你最需要的東西——充滿愛的眼神。

問題不在於找不到愛，而是我們所做的一切，都是為了保護自己不被人看到，不讓我們的羞愧和脆弱被人發現。因此，許多人終其一生都不敢展示真實的自我，甚至根本不認識真實的自我。

必須打破的惡性循環

你的羞愧感使你隱藏起來，避免被愛的眼睛注視。你寧願冒著寂寞的風險，但可能讓你因為感到孤獨而更加羞愧，而這讓你的羞愧雪上加霜。一切彷彿已經陷入僵局，找不到解決問題的方法了。

第二部分的練習可以幫助你在羞愧感爆發的情況中放鬆下來。有些練習有助於建立自尊和勇氣，有些則能幫助你打破讓你感到羞愧的模式。剛開始，這些練習會讓黑暗中透一點光線進來，這樣你比較容易看到自己身處的位置，以及將要去往何方。

第六章

更了解自己

每個人的自我意識中都有空洞，無論大小，沒有人能夠得到自己所有面向的真實回映。因此，藉由更加認識自己，你會逐漸填補起自我意識中沒被發現的空洞。關注自己，並找到童年時缺乏的回映，永遠都不嫌晚。你越不了解自己在別人眼中的形象，就越容易產生各式各樣的幻想。你對自己了解得越多，就越容易駕馭，在社交場合也會更有自信。

如果你常常擔心顯得尷尬，或是好像自己有什麼問題，那表示你可能常擔心別人怎麼看你、猜測別人在想什麼。其實只要直接問他們，就可以省去很多無謂的猜測。

這樣問可能會比較容易：「**我想做一個練習，你願意幫我嗎？請問你是怎麼看**

待我的？你會怎麼形容我這個人？」

你可能會發現對方只會說正面的事情，因為他們以為你想要被讚美，所以只告訴你好聽話。請告訴他們你想要誠實的答案，如果這樣有幫助，你也可以問：「**你認為我不擅長什麼？**」如果他們一下子想不出來，可以讓他們考慮一下，之後再回覆你。

你可以謹慎一些，只問那些對你有好感的人。但如果你真的想知道真相，你必須鼓起勇氣去問那些沒那麼喜歡你的人。有時候，他們掌握著讓你更清楚、更完整認識自己的鑰匙。他們和你的朋友不同，不會害怕說出來。

有一次，在我教的一門課中，我給同學們一項作業，是要去問三個人：「你對我的印象如何？我是什麼樣的人？」，然後回到小組裡報告他們的看法。我特別記得一位女士，她紅著臉、雙眼濕潤，說她透過這個作業才發現自己有一些正面特質，她的興奮和感動充滿了整個房間。對大部分的同學來說，這是一次奇妙的經驗，讓他們更加理解別人是怎麼看待他們的。

為什麼需要他人的反饋

當你詢問的人回答問題後，不要只相信他們的話。每個人都有一副看世界的濾鏡，即使兩個人朝同一個方向看，也絕對不會看到完全相同的東西。因此大多數別人告訴你的，其實是他們理解別人的方式，很少是關於你的本質。但無論好壞，你都能從他們的反饋中辨識出一些資訊，它可能會讓你感到驚訝，或證實一些你已經知道的事情。你問的人越多，你得到的畫面就越詳盡。

如果其中一些人的反饋讓你感到羞愧，表示你正接近自我意識中的一個空洞了。

曾經有一段時間，每當有人用「小」這個詞來形容我，我都會感到焦慮。我腦海中會響起這樣的聲音：「太小了，不能一起玩！」或者引用我母親的話：「妳太矮了，妳最好學會穿高跟鞋走路。」

我必須非常努力地接受並喜歡自己身材矮小的事實。當我終於鼓起勇氣說出來的時候，我很快就感覺好多了。我借著別人愛的眼睛，去看自己的弱點。藉由這種方式，我逐漸認識到矮小的好處，並意識到它並不影響別人對我的好惡。

也許你也會從別人的反饋中，聽到讓你感覺不舒服的話，但那是因為它可能觸及你內心缺乏認可和支持之處。光是發現這個空洞的存在，就大大增加了你修復它的機率——現在你知道這是你需要關注和照顧的地方了。

或許給你反饋的人也想談論你的弱點，甚至可能當場就露出了充滿愛的眼神。你可以向讓你更有安全感的對象吐露心聲，無論如何，**不要把它藏在心裡**。藏起來、永遠不要告訴任何人，只會讓你的羞愧感更加茁壯。

錄下自己的樣子

影片，是讓我們得以從外面的角度看自己的絕佳工具。只需準備一個小的三腳架，你就可以用手機拍攝自己了。錄下並觀看你在社交場合的樣子，可以讓你獲益良多。如果你覺得在生日聚會上拍自己太尷尬，也可以在你自己講電話的時候錄影。透過影片可以開啟你研究自己的契機。

如果你能找到願意參與這個計畫的朋友，你們可以一起拍攝。盡可能長時間記錄，直到你忘記你們正在錄影，就像你們平常在一起的模樣。完成後，你們可以討論這支影片，用合適的詞彙來描述裡面的兩個人。

- 你覺得「他們」看起來怎麼樣？
- 「他們」是可以自由溝通，還是有所保留？
- 「他們」看起來開心、生氣、悲傷或害怕嗎？
- 「他們」有適當的眼神交流嗎？還是有人想隱藏自己的眼神，而另一個則是尋求連結的眼神呢？
- 「他們」的肢體有什麼交流？
- 「他們」在談論什麼？誰來主導話題？

「他們」都對現在的情況滿意嗎？

這裡只是列舉一些看影片時可以關注的地方。如果你還不想這麼深入和私密，也許你們可以一起安靜地看場電影就好。

曾經有個年輕人來接受治療，他擔心別人認為他有問題。他剛接到一份專案，擔任專案負責人，當他在部門裡報告時，總是很緊張。我問他認為自己在報告時是什麼樣子時，他說，他覺得每個人都能看到他一臉脹紅、雙手顫抖，看起來完全失常的樣子。然後我們達成協議，他要在我們下次會面時向我做一次報告，同時進行拍攝。

後來，當我們看影片的時候，他很驚訝，也很高興。你看不到他臉紅或發抖，不過，他確實覺得影片中的人似乎很緊張。讓我印象最深的是，他經常微笑，看上去雖緊張但很友善。後來他告訴我，**從影片中看到自己的樣子**，對他幫助非常大。他後來報告的時候，腦海裡浮現的是一個年輕、微笑著的男子，而不是一個臉紅、顫抖，看起來失常的男人。

拍攝完自己之後，在看影片之前，把你最挑剔的態度放到一邊去，試著用一雙充滿愛意的眼睛看待自己，就像你看孩子或最好的朋友一樣。你也可以選擇和朋友一起看，這樣你們可以互相幫忙，找到合適的詞彙來描述你看到的自己。

對自己的三個提問

若是想訓練體驗和感知自己的能力，你可以以一種友善、溫柔的方式將注意力轉向內心，如果你願意，可以對著鏡子問自己這些問題：

- 你的身體感覺如何？
- 你心裡有什麼感覺？
- 此刻你最想要的是什麼？

在你回答時，首先跳出來的可能是膚淺的答案，接著你可以繼續提問，找出答案底下潛藏的真實想法：「為什麼我會覺得這很好？」假設你最先想到的是一塊蛋糕，為什麼吃蛋糕很好？可能是能帶來內心的平靜和快樂，而也許你還想到其他的方式可以獲得同樣的體驗？

如果你最想要的東西對你來說並不困難，而且沒有嚴重的副作用，那就尊重自己的想法，去爭取吧。例如你覺得孤單，想要和前任復合，那就去努力挽回，或是在交友網站上申請一個帳號，去認識新的對象。但如果是無法實現的願望，比如你希望已逝之人回到你身邊，或希望自己年輕十歲，請允許自己體驗遺憾。有時，你必須深深體驗悲傷，才能將它送走，重新獲得快樂。

接觸更深層的自我

藉由接觸更深層次的自己，你可以超越現有的角色和對自己的看法，進而變得更能抵抗羞愧。在更深層次的你，不能輕易被歸類，你不是「某種」人，既不聰明也不愚蠢，不美麗也不醜陋——只是一個正在呼吸、生活的活生生人類。

花一些時間與自己安靜地相處，把注意力集中在此刻腦海中翻滾的所有想法，這些想法的背後是什麼？在你的行為、頭銜、外表的背後，你是誰？你一直都沒有改變，無論活過多少歲月，你依舊是那個透過你的眼睛觀看這個世界，內在靜好的人。

想像有一片表面波濤洶湧，海浪雷鳴般翻滾的海洋，但即使在暴風雨來臨之際，底下依舊平靜。表面的海浪就是你的思緒，思緒的生命相當短暫，如果你太受它們影響，會變得很不穩定。

有時候，當我的生活被暴風雨襲擊，情緒激動不已時，不管那是好事還是壞事，我都會想像自己在水下更深的地方仰望水面上的波浪，來找到內心的平靜，因為深海底部不會受風和天氣的影響。或是我會製造距離，比如想像我現在遇到的困境，在三年之後我又會怎麼看待。

你越能從宏觀的角度來看待事物，就越能夠應對生活中的波動起伏。你的身份認同源自越深的內在，你就越不容易被他人對你的看法影響。

這個深層自我，在不同的傳統中有不同的名稱，如監督自我（the supervisory self）、觀察自我（observational self）或最深的本質（the deepest essence）。

參加心理治療或自我成長課程

有些人選擇接受心理治療的唯一目的，就是想要更加了解自己。治療師的中立性和保密性可以帶給你勇氣，揭露以前不敢告訴任何人的事情。

我十八歲的時候，根本不知道自己是誰。我的父母本身也有一大堆問題，無暇關注我內心發生的事情以及我到底是怎麼了。所以沒人知道真實的我長什麼樣子，甚至連我自己都不知道。我花了很多時間和精力確保沒有人會發現我的缺點，卻讓我活得相當憂鬱。如果不是發現我的問題正在影響孩子們，我也不會花這麼多錢來進行心理治療。

第一次去心理治療的前一晚，我睡不著，我害怕治療師會說：「我不能把時間花在你那些微不足道的問題上。」但這位治療師從一開始就看到了我的不安和孤獨，並且讓我知道，我來找她是對的。慢慢地，我鼓起勇氣，講述越來越多關於我自己的事情，過去的我，根本不知道自己有這些願望和觀點——感覺在有人看見它們的那一刻，它們才出生。

漸漸地，我開始喜歡我從治療師眼中看見的自己。當我開始更常在療程以外的時間展示那樣的自己時，我發現其他人也喜歡「她」。多年來，我參加了好幾次心理療程，現在要讓我抓狂可沒那麼容易了。我現在更懂得說：「又不會怎樣。」如果我發現牙縫裡夾著菠菜，「那又怎樣？」我問了一個愚蠢的問題，「那又怎樣？」在我年輕的時候，這種事情會讓我想挖個洞把自己埋進去，但現在，聳聳肩就過去了。

感謝我優秀的治療師，他帶著愛與理解給了我回映，幫助我看到內心深處的我，沒有任何問題。（瑪琳，四十二歲）

一系列的心理治療可以拓寬你的自我意識，消除讓你對自己沒自信的內在空洞。自我成長的課程也有同樣的作用，通常，這類團體中的參與者有著對所有談話內容的保密義務，讓你可以安全地展現舊的溝通方式、行為模式，或嘗試新的溝通方式、行為模式。你不需要害怕被排斥，因為你已經花錢參與這個團體了，只要你不間斷地去，沒人能阻止你加入團體。結束之後，你也不需要在意這團體中其他人對你的印象如何。

練習

- 詢問至少三個人：「你對我的印象如何？」
- 拍下自己在社交場合的表現，然後仔細觀看影片，了解一下別人看到的自己是什麼樣子。
- 坐在鏡子前面，看著自己的眼睛，真誠地表現出興趣，問自己：「你好嗎？」，或「你現在想要什麼？」每天至少做一次。

本章總結

- 你越了解自己，當你遇到引發羞愧感的情境時，就越能夠守護自己。例如你半裸著身體、客人突然造訪但你家髒亂時，或是當你在競賽中表現不好時，如果你知道在內心深處，你就是你，一點問題也沒有，那麼在引發羞愧的情緒中，你很快就能夠重新站穩腳步。
- 你可以透過請別人給你回映、拍攝你自己，或給內心深處的真實自我一些友善而溫柔的關注，來更加了解自己。

第七章

靠近你的羞愧

事實上，讓你感到羞愧的特徵或情況，能讓你找到自我意識的空洞之處。

在你被羞愧淹沒的那一刻，除了試著隱藏或盡快逃離之外，你很可能會僵住，什麼也做不了。不過，當你距離羞愧的爆發還有一段距離時，你有幾條路可以走。

第一個方法是減少導致你羞愧感爆發的情況發生。如果是失業，也許你可以努力找一份工作；如果你總是選不上正式球員，你可以更加認真練習，成為一名更好的選手；如果你為車子很髒感到羞愧，你應該將它清洗乾淨。

改變讓人感到羞愧的環境是一種解方，有時候是很有效的解決辦法。問題是，如果你是經常過度羞愧的人，這種羞愧感可能會蔓延到生活中的其他部分。就算你成功減掉了五公斤，你還是會覺得自己哪裡不夠好，例如臉上明顯到讓人尷尬的皺紋，或者是你洗不乾淨的指甲等。

還有一些情況是，為了避免羞愧，卻讓我們付出太大的代價。如果你容易對失敗感到羞愧，為了逃避失敗，可能會選擇不去做你喜愛的運動；如果你容易因為緊張而感到羞愧，為了逃避尷尬，你可能決定從此不在陌生人面前說話，就算再重要的事情也一樣；如果你因單身感到羞愧，為了逃避孤單，你可能會選擇一個不適合的伴侶。但是，如果你努力去看見和了解自己，你就更能夠抵禦羞愧，而且你可以同時處理多個讓你感到羞愧的部分。

方法如下。

必須處理的羞愧經歷

當過去有一些尷尬或羞愧的經歷，而你總是壓抑這些感覺，反而會讓你特別容易受到類似經歷的影響，例如，如果你在學校裡被排擠，而你尚未好好處理那些過往，那麼當你再碰到被人無視的情況時，你就會不知道該如何從內在支持自己。

如果你小的時候，別人總是用一種充滿敵意或居高臨下的口吻對你說話，而你的創傷始終沒好，當類似的情況再次發生時，你也可能不會意識到這是錯的。

我報名了一堂程式設計課，廣告上說這門課程適合初學者，但實際上卻是給那些已經有一定基礎的人。老師在教課時用了很多我不懂的術語，所以我問了很多問題。沒過多久，他開始忽略我的問題。有時候，他會帶著無可奈何的表情，嘆口氣，用惱怒的語氣回答。我下課回到家時，心情非常糟，那一晚我完全睡不著。（艾瑪，三十三歲）

無庸置疑地，這個老師說話的態度很糟。然而，艾瑪童年時期經歷過多次被無禮對待的痛苦，而且她沒有好好處理過這些創傷，讓她無法立刻發現事情不對勁，也看不見老師的粗魯行為，反而是開始懷疑自己。

如果她確信自己的價值，就會對他的粗魯無禮做出反應。她可以當面質問他，強調在初學者課程中是允許學員提問的，而她想要一個能理解的答案。或者她也可以直接離開教室，反正她從這堂課裡什麼也學不到。但是，由於某些相似的元素引發了她過去的創傷，使她震驚、動彈不得也無法回話。直到第二天，她才意識到錯不在她。

如果你有太多沒處理過的羞愧經歷，等於是在人生的道路上背著令你搖搖欲墜的重擔。當你遇到類似的經歷時，這些羞愧的重擔很容易因此崩潰。你可能會讓「自己是不是哪裡有問題」的感覺再次進入你的體內，而不是藉由說「不」或「停止」來保護自己。如果你能正視自己的經歷，你就會意識到錯不在自己，這會增強你的自尊心，相信並碰觸你的內在，會幫助你更清晰地看見外面的世界，就可以做出正確的反應、保護自己。

先從小份量開始

如前所述，羞愧感來自於不和諧的互動。一段關係中出了錯，必須在另一段關係中修復，一個人造成的問題不一定非得由同一個人來修復，一段新的關係正適合做為補救的基礎。如果你身邊有一個用充滿愛的眼神看著你的人，她就是展示羞愧的最佳人選，當你從對方的眼中看到她如何回映你時，你會感覺自己的羞愧正在被療癒。就算是長期不和諧的互動，也能夠被一段有愛的關係拯救，在這段關係中，你感受到深深的共鳴，感覺內在深處某部分的你，確實被看見了。

曾經有一段時間，我從不脫掉上衣，因為我的肚子讓我感到丟臉。跟標準體重相比，我超重了十公斤，所以走路時經常滿頭大汗，這讓我很尷尬。有一年夏天非常炎熱，我參加了一個草地野餐會，喝了幾杯啤酒，我鼓足勇氣脫掉了上衣。有好一陣子我都覺得羞愧難當，不敢抬起頭，後來我聽見大家還在聊天，似乎沒有人在討論我。

我放鬆了一點，抬起頭來，沒有人注意我，這時我才開始真正享受陽光和風吹在肚子上的感覺。（卡斯柏，四十八歲）

多年來，卡斯柏一直很緊張，害怕人們看到他過胖的身體會嫌惡他。當他終於有足夠的勇氣去驗證想像時，發現並沒有人攻擊或嫌棄他，現在他獲得了新的自由。

多年來，我感覺疲憊的時候，就會與他人保持距離，對我來說這是正確而又理所當然的舉動，所以從來沒有多想，就一直這麼做了。在我不能先行離開的少數情況下，我已經沒體力了，卻還是得跟其他人待在一起時，我就會感到羞愧，那種感覺像是我已經給不出任何東西了，整個人赤裸裸的，好像我有什麼問題。我唯一的想法就是趕快離開，一個人待著，這樣我就能振作起來，重新以完整的樣貌面對大家。

我現在的伴侶很好奇為什麼和他在一起時，我從來不允許自己表現出累的樣子。為了讓我輕鬆一點，他告訴我：「就算你已經累到沒有辦法集中注意力聽我說話，或說話已經沒什麼邏輯了，都沒有關係。」我們第一次一起旅行時，那天晚上在旅館裡，我因為精疲力竭而整個人崩潰了。然而，這並沒有把他嚇跑，反而讓我們更親密，我開始能以更放鬆的樣子示人。

從那以後，我發現就算我無法完全控制自己，和別人待在一起還是可以很有趣，甚至能讓我重新充滿活力。而且，不管是有效率的我、一切都做得很好的我，還是很累的我，他都一樣喜歡。（朵絲，五十二歲）

有時候，因為我們一直以來都在迴避某種情況，就成了一種自動模式，讓我們根本沒意識到自己為什麼在特定情況下總是退縮不前。

而莎拉是一想到有人拒絕她的餽贈時，就會感到羞愧。

我兒子已經長得太高，不能騎那臺腳踏車了，不過車上的輪子還好好的。我想起小時候，我曾經用腳踏車輪子做卡丁車。同時，我注意到公寓前面的遊樂場上有幾個小男生，他們看起來正是適合玩卡丁車的年紀。

我準備下樓問他們想不想要一輛卡丁車，但突然我停了下來，一個畫面閃現在我腦海中，他們對腳踏車不感興趣，還嘲笑我。我感到一陣寒意，有那麼一瞬間，我平靜的內心和自我意識失衡了，就好像我腳下的地板開始移動。這個經歷實在太可怕了，所以我放棄了把車送給那些男孩的念頭。（莎拉，三十八歲）

當莎拉想送某樣東西給別人時，她常常會阻止自己。她還會想出幾個好理由，來說服自己為什麼不應該這麼做：我可能會被誤解、他可能不會喜歡、他們會覺得被佔便宜和尷尬等等。

如果莎拉想擺脫這種羞愧感，她可以試著停止壓抑自己，盡可能地把她想送的東西送出去，然後她就會發現，大多數人都會感謝她的慷慨。這些新的正面體驗可以建立起她抵抗羞愧的能力——即使偶爾有對她的禮物不滿意的人，也不會讓她覺得這麼做都是錯的。

莎拉可以選擇的另一種做法是，與別人分享餽贈時她真正的內心感受。

有一天，我和男友在餐廳吃飯時，我有股衝動想要請他吃這頓飯，但我知道如果他拒絕，我會很受傷，所以我沒有堅持請客，而是告訴他我想做什麼：「今天由我來買單吧。我知道你必須存錢，而且我想讓你快樂。」說這話的時候，我覺得自己很傻，而且我知道自己非常在意他的回答。我想他也清楚地注意到了這點，所以幸好，他用一種讓人感覺很好的方式回答了我：「妳的確讓我很快樂。」然後他用溫暖、微笑的眼神看著我。突然之間，他接受不接受我的請客，變得沒那麼重要了。（莎拉，三十八歲）

在這種情況下，她對「給予」的渴望——讓她羞愧的真正來源，得到了善意的回應。她體會到懷有給予渴望的自己，是完全沒問題的。日後，當她再度想給予他人時，她就能跟心中「自己好像有什麼問題」的感覺對抗。現在，即使她的贈禮被拒絕，因為她的出發點是好的，她還是能保留對自己的愛。

格爾達小的時候，每當她感到悲傷時，都沒有得到回映，而且父母還會對她生氣，要她不要再發牢騷了。這對她後來的生活造成了嚴重的影響，當她感覺難過時，她無法關心自己。如果我們像格爾達一樣，對自己的情緒感覺不好，也很難發展出好的親密關係。

在我接受治療之前，我很難和一個人保持長期的親密關係。我很快就累了，需要一個人待著。有時候，因為害怕失去對方，所以我沒有畫清界線，因此變得疲憊不堪，連最微不足道的小事都會讓我哭泣。我竭力隱藏自己的淚水，我變得痛苦不安，害怕被拋棄。我想躡手躡腳地走開，不讓任何人注意到，這樣我就可以一個人待著，不會有人看到我的不開心。

我去看心理醫生是因為憂鬱症。在過程中，我逐漸向治療師展現真正的我，包括我的眼淚。儘管治療師的關懷的確安慰了我，但還是很難受，因為我開始察覺到，在我小時候不開心時，得到的回應並不適當。一個接一個，各種情緒不斷地湧上心頭，比如對我父母的憤怒，他們的行為傷害了我，讓我覺得自己有問題，還意識到原生家庭給我的支持太少，這讓我感到悲傷不已。

幾年之後，我開始發現一個新的自己，當我不開心、感覺不好的時候，我能在想要一個人待著的衝動底下，感覺到有一種更深沉、更強烈的需求——一種渴望去感受另一個人的溫暖的需求。（格爾達，五十七歲）

你可能會奇怪，格爾達的療程為什麼需要好幾年。承認父母並不像你小時候自欺欺人地認為的完美，其實是很可怕的事。當你意識到自己的童年生活是多麼悲慘時，你需要花些時間來處理這種悲傷。你的各種情緒會爆發，你需要時間來平息它們，並對自己產生新的認識。

當一隻餓壞的狗被送進動物收容所時，你想像牠一定非常飢餓，需要大量食物，但其實牠反而要從少量的食物開始。因為長期饑餓後，牠的消化系統無法短時間內處理大量的食物。同樣的原則也適用於渴望愛的人。你可能會認為她需要大量的愛，但她一時間處理不了那麼多，必須從**小份量**開始。對那些極度需要愛的人來說，反而格外難以建立親密關係，因此治療往往需要很長的時間。

曾經有段時間我的狀態非常不好，當時我參加了一個定期聚會的自我成長團體，但我無法真心喜愛其中一位成員。那個女士由於自己美好的親密關係而感到幸福不已，但光是看著她都讓我非常難受。因為我對於愛的渴求讓我非常痛苦，我早已放棄自己也能如此幸福的渴望。我鼓起勇氣對主持人、牧師兼心理治療師班特・福爾克（Bent Falk）說這件事，而他回我說：「很高興你肯告訴我，其實我也感到痛苦——真希望我也能這麼幸福。」

我回答：「我很想說我也是，但其實是撒謊。我唯一能感覺到的就是痛苦。」

「可憐的孩子。」他以愛的眼神看著我：「所以你**真的**感覺非常糟糕。」

我聽著他的回應，從他充滿愛的眼神中回映出自己。幾秒鐘前我還在討厭自己，但從那時起，我開始能夠接受忌妒他人幸福的自己。

謹慎選擇傾聽者

你可以透過與人分享來治癒羞愧。你必須擁有以下的體驗：當你說出痛苦後，對方可以接受而不會反對或拋棄你，這對我們來說非常重要。愛的眼神也是必備的。如果你說出讓你羞愧的事物，而傾聽者卻轉移了視線，或做出了批評，會讓你感覺比之前更糟糕。

因此，選擇一個合適的對象來吐露你的羞愧，是極其重要的做法。我可以把我的忌妒心告訴教導我多年的班特，是因為過去的經歷讓我知道可以信任他。有時候，告訴專業人士很有幫助。假如我把這些情緒告訴我的母親，她可能會被我的羞愧和尷尬影響，為自己居然有個不能為別人的幸福感到高興的女兒感到羞愧。她可能會說類似這樣的話：「妳必須克服你的忌妒心」，或「難道妳不能學著接受嗎？」這會讓我感覺更糟。

有時候，當你感到羞愧時，**最好不要告訴你最親近的人**。因為你的羞愧感會影響他們，讓他們和你一樣癱軟無力，或讓他們說出蠢話、因你而感到羞愧……

有些人無法忍受聆聽你的羞愧經歷，是因為他們自己也對類似的情況感到羞愧。你的經歷喚醒了他們的羞愧感，於是他們感覺非常糟糕。

合適的時機也很重要。如果對方當時壓力很大，或生活非常忙碌時，她的回答可能會很僵硬、沒有感情，因為她心裡有很多事情，無法把全部注意力放在你身上。

如果你覺得身邊沒有能在你最脆弱的時候，表現出同情與愛的人，那麼你可以找心理治療師或心理師傾訴，至少你能得到專業的回應。他們也會幫助你，在你對自己的渴望和需求感到羞愧時，展開一張安全網，承接住你。

與數位可信任的對象分享你的經歷，可以加強療癒的力量。但通常只要和一個人分享就足夠了。

減輕羞愧的四步驟

羞愧感如此痛苦，會讓你覺得根本不可能去談論它。因此，以下我會提供一些讓你逐漸找回勇氣的四步驟：

1. 用寫信的方式寫下你的羞愧，你可以寫給已逝的祖母，或其他能給你充份安全感的人。
2. 將羞愧告訴與你較無關、不擔心失去關係的人，例如心理治療師、你不太熟的醫生，或是可以匿名發問的線上諮詢師。
3. 將你的羞愧寫成一封信，收件對象是某個對你來說很重要的人，但不用把信真的寄出去。
4. 嘗試對親近的人透露出一點點你的羞愧，比如你的伴侶。首先，你可以像談論陳年往事那樣說：「我曾經有這樣的經歷……」，這可以讓你自己與羞愧保持一定的距離，就不會產生太多焦慮。如果對方專注且和善地看著你，你或許就能鼓起勇氣承認，其實這是近期發生的事。

換句話說，你可以從最簡單的版本開始，循序漸進地說出來。你可能很快就能從分享羞愧的祕密中，獲得一種釋放感，這可以激勵你繼續與壓抑羞愧的想法對抗。這四個步驟你不需要全部都做，也不一定要按照上面的順序，只要從對你來說最容易的步驟開始就好。剛開始時，可以選一個練習就好，這樣比較容易接受，有了開始以後，剩下的自然而然就會做到了。

我在此收集了因不同原因而羞愧的人們，使用上述步驟後的回饋：

因為被責罵而羞愧

幾年前，我在一群同事面前被罵了一頓，我震驚到說不出話來，開始出汗，感覺到我口中的餅乾開始膨脹。我感覺整個人完全動彈不得。

從那以後，我變得更加謹慎，很多事情我開始不願意說出來。我沒有告訴任何人這件事，儘管我知道找人談談這件事會有好處。但那感覺太尷尬了，我就是做不到。

當我發現這四個步驟時，我決定試一試。我在一封寫給我過世阿姨的信裡傾訴這件事情，她一直都對我很好。我一邊寫，一邊覺得喉嚨發緊。

後來我決定打電話給聖尼古拉教堂的一位匿名輔導員。我喝了半瓶紅酒，才有勇氣打這通電話。接電話的是一個年輕人，他傾聽著，沒說什麼，他沒有說些被罵是因為我做得不夠好，他給我的感覺比較像是他覺得發生這件事真是太糟糕了。

可以找人談論這件事讓我鬆了一口氣，而且給了我勇氣。我決定告訴我的男朋友，雖然我擔心他不會同理我。我選了一個只有我們兩人放鬆獨處的時間，那時我們剛坐到沙發上，準備要看電視，我請他先等一下。還好，他馬上就注意到這是個嚴肅的時刻，他轉向我。一開始我找不到合適的詞彙來表達，我停下，又從另一個地方說起。他握住我的手，這很大程度鼓勵了我，我的眼淚開始掉下來。他摟著我，我哭著告訴他這件事的其他部分。然後他說：「這一點也不好，你老闆應該感到羞愧。我也老是忘記事情，這是每個人都會犯的錯。」

我感到心裡的結開始鬆動了。在接下來的幾天裡，我的心情比較好，也變得更快樂了，這是我好久沒有體驗到的感覺。彷彿隨和快樂的我曾經被流放在外，但現在它回來了。（凱倫，二十九歲）

因提早離開而羞愧

我很喜愛我的同事們，他們讓我很有歸屬感，能成為他們的一員感覺很好。但我不像其他人那麼活力充沛，不需要太多行程就能讓我用光精力。偶爾我們下班後會約出去，這對我來說是個很大的挑戰。在漫長的一天之後，我疲憊不堪，需要一些平靜和安寧。但我也想加入他們，我想成為團隊的一份子，所以我都會去，但總是第一個回家。

起初，我對早退感到不好意思，我只想在沒人發現的情況下偷偷溜走。我累到決定要回家時，差點哭出來。我為沒能跟上其他人的體力而感覺很差，如果有同事要給我一個告別擁抱，我的臉可能會揪成一團，那可就更尷尬了。但若沒說再見就直接消失，感覺也很奇怪。

當我知道這四個步驟時，我決定鼓起勇氣解決問題。首先我寫了一封信給我的同事，告訴他們我有多尷尬。不過那封信是只給自己看的，我沒打算寄出去。寫下來的感覺很好，減輕了一些壓力。我把信放在一邊，過幾天後再讀了一遍。突然間，我覺得沒那麼糟了。畢竟，我既沒有違反什麼規定，也沒有表現得很糟糕。

我決定和同事們談談。過了好幾個星期，我才找到了合適的時機，那一天我感覺一切都在掌控之中。我原本打算直截了當地向他們說明問題所在，但我只說了幾句話就開始哭，聲音也變弱了，不過這讓我看起來更可信。他們也都非常善解人意，樂於現在談論這件事。他們有注意到我的確有時會顯得很疲憊，每個人一致認為如果我沒有勇氣跟他們道別，直接回家也沒有關係，因為現在他們知道我為什麼這麼做了。一位溫柔的同事告訴我，她非常想給我一個告別擁抱，就算我哭出來也完全沒關係，她能理解我為什麼要比別人先走。為此，我感到巨大的解脫。（柏吉特，三十二歲）

當我們正視感到羞愧的地方時，就能打破羞愧的束縛。

這樣的補救永遠都不嫌晚。當你和真正看見你的人有比較親密的接觸，並表現出你感到羞愧的那部分自己時，你就會體驗到一些全新而重要的事。當你從別人的眼中感受到認可的時候，將填滿你自我意識中的空洞，並讓它得以再次煥發生機。

練習

- 列出生活中令你感到羞愧的事情或事件，並在你的自我意識圖上畫出每一件事代表的「空洞」。如果你想知道怎麼畫，你可以回顧第三章的〈自我意識存在著空洞〉。列清單時，不需要把你感到羞愧的所有事物全部列出來，先找幾個例子來試試看。

● 承上題，在你的圖中選擇其中一項，並想出一個具體的事件。

以米娜的自我意識圖為例：

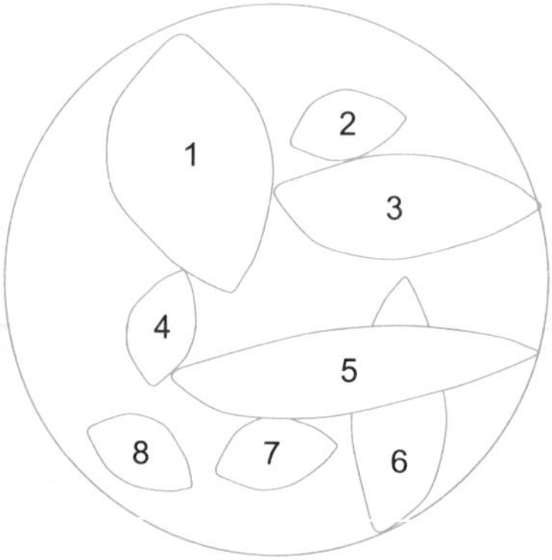

1. 我看起來很累的時候
2. 我頭髮油油的時候
3. 我不知道該說什麼，又已經沉默太久時
4. 我的建議被拒絕時
5. 我的孩子不願與其他孩子分享，大吵大鬧的時候
6. 我希望客人趕快離開時
7. 當我試著搞笑卻沒人笑的時候
8. 小時候被欺負的經歷

- 思考如何告訴別人那個事件和你的羞愧感覺。從本章〈減輕羞愧的四步驟〉選擇其中一個建議練習。

本章總結

- 當我們感到羞愧時，我們最想做的，就是忘記這件事情並壓抑它。然而，如果你想獲得更多內在自由，就得做相反的事情。面對羞愧的全新經驗可以療癒你，你越是去處理羞愧感，自尊心就會越強，再遇到相似的情境時，你對羞愧感的抵抗力就會越強。
- 當你揭露讓你感到羞愧的事情，並努力去處理羞愧時，你就能有更多內在自由，不會再那麼焦慮，也不會對社交活動感到那麼緊繃了。

第八章

你都和什麼人在一起

如果你想在生活中減少羞愧的影響，那麼無論在心靈層面還是在現實中，都應該好好關注你身邊的人。你花越多時間和那些能激發出你最好一面的人在一起，就會讓你變得越好。相對的，和那些容易讓你羞愧的人在一起，會讓你提高警戒，設下更多的界線。

如果你很敏感，難以接受別人的負面評價，你很容易被那些知道如何讓你感覺羞愧的人盯上。有些人可能會利用這一點，當有人暗示你有問題的時候（哪怕是最輕微的方式），你會很快就附和他們，比如你不去參加聚會時，如果有人對你說：「你怎麼那麼掃興。」你也許就有改變主意的衝動。

在別人的回應中，很難列出我們需要特別注意的明確單詞或語句。畢竟有各式各樣讓人感到羞愧的事情。

下面只是幾個例子：

「我為你做了那麼多，還指望你至少表示一些感激呢！」

「你沒有權利這樣做。」

「你認為別人是怎麼看你的？」

「我永遠不會做出你做的事。」

「你真的是這樣的人嗎？」

「你還沒做完嗎？」

「這有什麼好難過／害怕／生氣的？」

「我不敢相信你會說這種話！」

「你現在還這麼覺得嗎？」

「我就是不明白，我從來沒有那樣的感覺。」

「你沒辦法？真的嗎？」

「我沒想到你會這樣。」

（其中一些句子，如果是用肯定和驚訝的語氣說，不一定會讓人感到羞愧。）

讓人感到羞愧的話語有個共同點，它們會以暗示或明示的方式表明**你這個人有問題**。假如在請求之前，先加一句正面的話語，例如：「你這麼善良，可以幫我做這個嗎？」或「你是好人，幫我個忙吧。」可能會讓你做得比你原本想做的更多，或花費更多精力去做，因為這代表著如果你說「不」，你就不善良，你不是一個好人。

有時候，甚至不需要開口，就能讓你感到羞愧。一個特定的眼神、輕微的搖頭或者翻白眼，都會立即讓那些害怕自己有問題的人產生羞愧感。羞愧感會讓你重新考慮自己的反應，是否要改為對別人有利的反應。

在過去，羞愧常見於養育孩子的時候。這是一種讓別人服從你的有效方法。我成長於丹麥最北邊的文迪塞爾（Vendsyssel），在六〇、七〇年代還是有很多大人用這種方法，孩子們會受到各種羞辱，被迫在角落裡罰站。

當母親對我生氣，而我沉默不語時，她有時會說：「沒有人會把你當一回事。」我母親成長於羞愧感的壓迫下，然後她也學會了同樣的武器。我認為她沒有意識到這對我造成的傷害有多大，而且她真心相信我最好照她的方式生活。

想要看穿和化解那些讓你感到羞愧的言論非常困難，尤其當這些言論來自你很親近的人時，比如你的母親。我從沒跟她正面對抗過，我還是不敢這麼做，但我仍然想建議你：不要被別人的羞辱操縱。你可以告訴他們，你不在乎這些沒建設性的批評，如果你的心情會因此受影響，也可以直接走開。做為同樣也有這類問題的人，我完全理解你為什麼無法在某些關係中設下界線，就算你有一個好理由也辦不到。我知道對一個非常親近的人說「不」，感覺有多麼難以啟齒。

原生家庭

關係中不和諧的互動會代代相傳，同樣的，由此產生的羞愧感也會傳承下去。很有可能你父母感到羞愧的事情，就跟你今天感到羞愧的事情一樣。這還能回推到他們的父母，以及他們父母的父母，比方說，如果你母親小時候害怕時，沒有得到過同情，以至於她從來沒有處理過恐懼的情緒，那麼當孩子（也就是你）表現出恐懼時，她也無法去理解孩子。羞愧感就是這樣在家族中一代代地傳承下去。

如果你生於一個羞愧感很普遍的家庭裡，當你鼓起勇氣要反抗羞愧感時，你的父母和祖父母也許不是最好的榜樣。在你努力學習接受自己之際，你需要其他的榜樣來告訴你如何勇敢地站起來，捍衛自己。

找到一個好榜樣

羞愧是會傳染的，如果你和那些總是隱藏自己的人在一起，你可能也會變得非常謹慎。然而好消息是，勇氣也會傳染。看到別人鼓起勇氣做某件你也很想做的事，對你有非常大的幫助，就像當你看人跳繩時，你大腦中控制跳繩的區域就會被啟動，會讓你感覺自己也像在跳繩一樣。

同樣的原則也適用於情感表達。當你看到一個人表達自己對親密的需求，彷彿這是世界上再自然不過的事情，如果你缺乏內在支持，可能會感到不舒服。但如果你堅持下去，看看這個人如何與他人培養親密的情感，你離建立親密關係的目標就能更近一步。

因此，和那些更少感到羞愧的人以及不怕做那些你為之羞愧的事的人相處，將是你學習和自我成長的機會。舉例來說，如果你因為唱歌不夠好聽而感到羞愧，那當你遇見一位不在乎自己唱的很難聽，還是很熱愛唱歌的人，你會感覺很不舒服。這卻是一個很好的機會，可以檢視你對自己有多壓抑，你會看到對方如何盡情享受其中，就算做得不夠好，也沒有發生任何壞事。你越能感受到一個自由歌唱的人的快樂，你就越有可能做到同樣的事，這也是團體治療為何如此有效的原因。有時候，光是看著別人克服問題，你就能放鬆自己的壓抑、焦慮或羞愧，或至少你會多一點勇氣向前一步，向外界展示你是什麼樣的人。

因此，觀看別人展示出自己從未得到支持的面向，也是修復自我意識空洞的好方法。對你而言，找到好的榜樣，並花時間和他們相處，將會很有幫助。能在現實生活中找到這樣的人最好，但即使你只能研究電視上出現的人們，也總比沒有好。

健康的內在聲音

在思想上，我們選擇什麼樣的人來引導自己，是非常重要的事。我很幸運能和牧師兼心理治療師班特相處過一段時間，每當我覺得自己有什麼不對勁時，我會召喚他到我內心的舞臺上，通常我會聽到他說：「事情就是這樣。」我幾乎可以看到他接受的表情，感覺到他的存在。通常這樣做會讓我放鬆、深呼吸，然後我就可以回到自己裡了。你生命中重要的人，可能會以你腦海中的聲音形式來批評或支持你，可能是父母，也可能是老師、治療師或朋友，他們可能說的是：「你可以做到的」或「你本來可以做得更好」。

如果有人很嚴厲地批評你，請試著把這些批評寫在紙上，和朋友談談，這能減少批評帶來的刺痛。練習關注正面評價的聲音，並抓住每一個機會提醒自己它們從何而來，那些正面聲音就會逐漸變成常駐在你內心的支持聲音。

練習

- 檢視你的人際關係，你曾經從誰那裡得到健康的回映？
- 你再認真想一想，也許能想到更多人，出門時對你微笑的鄰居、友善和你打招呼的公車司機或超商店員，你覺得他們怎麼看你的？
- 即使有時會犯錯，但他們坦率、誠實，有能力為自己挺身而出。你認識這樣的人嗎？就算是電視上的人也沒關係，看著他們，試著想像成為他們是什麼感覺，想像他們會怎麼行動。

本章總結

- 如果你想修補內在的空洞，最好多和那些你還做不到，但他們已經學會的人相處——那些有勇氣的人，或那些能夠坦然面對自己大部分性格（無論好與壞）的人。觀察能做到這些事情的人，對你克服羞愧感會很有幫助。
- 你的羞愧感並非偶然，它透過你生活其中的文化、你從父母那裡學到的東西而形成，而你的父母又是從他們的父母那裡學到的。羞愧會代代相傳。你的父母和祖父母感到羞愧的事情，很可能跟你感到羞愧的事情一樣，這代表他們無法成為你處理羞愧的最佳範本。
- 如果你周圍有某些人會利用你容易羞愧的敏感度，你必須看透他們的把戲，並設下界線，或直接告訴他們你有多難受。

第九章

重建與自己的友好關係

與自己保持距離的時候，往往是我們感覺最孤獨的時候。

當我們陷入羞愧時，就會用外界的眼光審視自己，而且帶著厭惡的表情，認為自己很有問題。羞愧的時候，就像通話斷線一樣，我們會在一瞬間離自己很遠。你想盡力忘記發生的事，然而，它很可能會變成你自我意識中的空洞，無論在世界還是自己面前，你都會試圖把它隱藏起來。一部分的你過著祕密的流放生活，這不只會影響你與真實自我相處的能力，而且也讓你更難與人建立親密關係。

如果你想把走失的你帶回家，讓自己再次變得完整，你必須學會用新的眼光來看待那些讓你羞愧的回憶。

有問題的不是你

當你感到羞愧難當的時候，你會覺得彷彿一切都錯了。這是真的，確實有些事不對勁，但那不是你。絕大部分產生羞愧的狀況中，發生在你身上的事情如下：

1. 你經歷過一些不和諧的人際關係，讓你變得很脆弱。也許當你出現某種情緒時，家人與你之間的互動並不那麼敏感與同理，而這種狀況可能已經持續了好幾代。

2. 你誤以為自己是唯一有問題的人。說到底，人並沒有那麼不同，有些人可能表面上呈現出百分之百的完美人設，但只要稍微刮下表面，就能揭露出他的真實樣貌：我們的相似之處常常遠大於不同之處。做為牧師和心理治療師，多年的工作經驗告訴我：不管我們表面上看起來有多麼不同，每個人都有孤獨、無助和力不從心的時候。當我們承受壓力時，即使是最優秀的人，也很難控制住貪婪或其他負面特質。當羞愧排山倒海而來時，其實你和別人的差別，並沒有你想像的那麼大。

3. 在你羞愧感爆發的那一刻，可能也會有些人的回應，與你所發出的頻率不同。她的表情、話語或聲調可能看起來扭曲又錯誤，事實上，她回應的可能是關於她自己，跟你傳遞的訊息沒有什麼關係。也有可能她反映的是另一個面向的你，某些你現在還沒有碰觸到的部分。當你說一切都很好時，對方的表情或語氣卻可能反映出你內心深處的悲傷，那些你不願面對，因此在心裡留下空洞之處。

換句話說，**當羞愧出現時，這種感覺並不一定與你是誰，或你那一刻做了什麼有關**。這只是一種互動有了偏差的跡象，或是你以前經歷過某些不和諧的互動，而你誤認為是自己有問題，是一個需要被糾正的「錯誤」。

不要向焦慮認輸

許多人終其一生不曾與任何人分享過羞愧的經歷，或者當羞愧的記憶折磨著他們時，卻從未對自己表示過愛與同情。他們擔心暴露這樣的自己，會導致孤獨地活著。

我的內心裡一直有場戰爭，我的焦慮大喊著：「我想挖一個洞埋進去，從地球表面消失！」它威脅我會被所有人排斥在外。因此除了躲在我自己的殼裡，我什麼都不敢做。（約瑟芬，三十八歲）

約瑟芬害怕違抗她的焦慮，害怕離開她的殼做出改變，比如表達她的不滿，或自由自在地跳舞。**她讓羞愧感控制了自己**，這導致她總是盡可能地保持沉默。即使和其他人在一起時，她也感到孤獨的真正原因，在於她不敢表達自己、不敢展示出真正的自己。

你可能也有同樣的焦慮。有時你會像個太過聽話的孩子，老師叫你站在角落裡，你就在那裡待了很長時間，就算你已經待夠了，可以和其他同學出去玩，你還是不敢動。如果你一直聽恐懼的話，你就會躲在盾牌後面，無法勇敢地向外尋找可以治癒你羞愧的愛和關注。如果你想坦蕩地活在這世界上，你必須無視你的恐懼，向前走，即使它不斷對你尖叫著要你躲回去。

從羞愧上升到內疚

區分羞愧和內疚可以幫助你更容易接受自己（見第一章）。簡單地說，內疚表示你做錯了什麼，而羞愧則是一種覺得自己有問題的感覺。

通常，一個情境可以同時引發羞愧和內疚，例如你對孩子大吼，當她開始哭泣時，你可能會感到內疚。你可能會問自己：「我剛才做了什麼？哪種人會做出這種事？」這時，羞愧就上場了——你覺得自己是個壞人，或是不值得尊重的人。

內疚和羞愧這兩種情緒常常交織在一起，把它們分開有很多好處。內疚比較容易承受，不會影響你對自己價值的判斷，而且通常你可以採取一些行動，來減輕你的內疚感。

就算你把孩子弄哭了，但你還是一個**好人**，你可以為你的過度反應向他道歉，藉此處理內疚感。

我們很容易陷入二元對立的思考，好與壞、美與醜、完美無缺與糟糕透頂，然而，承認兩者可以同時並存，對你的情緒健康是至關重要的，具備這個能力的父母，會經常向孩子回映：「你現在生氣了，但你仍然是我可愛的孩子」，或「你做的事情是錯的，但你依然是個好孩子，我愛你」，或「你尖叫的時候讓我耳朵很不舒服，但你沒有問題，你就是你該有的樣子」。

如果你的父母沒辦法用這種方式與你溝通，你會很容易把內疚和羞愧混在一起，即使你只是犯了一個錯誤，你也會覺得自己是個失敗的人。現在，你可以練習把內疚和羞愧分開，大聲對自己說：

「我做錯事，我還是個好人。」
「我有負面情緒，我還是個好人。」
「我曾經犯錯過，我還是個好人。」

當你能夠把羞愧和內疚分開，有時羞愧就消失了，而內疚可以透過道歉，或主動提出補償方法來處理。

找回對自己的同理心

羞愧切斷了你與自己的良好關係，因此下一步是重建關係，下面幾個句子可以幫你做到這一點。你可以大聲說出來，或把它們寫在一張紙上。

- 你覺得自己有問題。的確有些事出錯了，但那不是你。

- 你已經盡力了。每個人偶爾都會犯錯、讓自己和別人失望。但你仍然可以被大家所接納。
- 你和其他人沒有太多不同。就像其他人一樣，你現在這樣就很好。

如果願意的話，你可以坐在鏡子前，在說這些話時，看著自己的眼睛。輕拍自己的肩膀，用手指深情地撫弄頭髮或輕輕撫摸自己的臉頰。

寫情書給自己

練習自我關懷的好方法，就是寫一封暖心的信給自己。

舉個例子，先從你的記憶中找出一個羞愧場景，用充滿愛的眼睛看著自己，給在那一刻因羞愧而動彈不得的「我」寫封信。

以下是夏綠蒂的信：

親愛的夏綠蒂：

你感到羞愧，因為你找不到可以加入的小組。你覺得很糟糕、很丟臉、很不開心，你只想消失。不過，你繼續待在那裡並處理了這件事，你真的很棒。

你會陷入如此痛苦的境地，這並不是你的錯。不是因為你有什麼問題——只是你以前有過很多不和諧的互動。你之所以容易成為被欺負的目標，是因為沒人告訴你你的價值，沒人教你怎麼照顧好自己，而且那些講師也沒有足夠的能力來解決學員之間的衝突。你沒有什麼問題，你正是你應該成為的人。

愛你的
夏綠蒂

你也可以寫一封在下次羞愧時，可以強壯和安慰自己的信。信要放在你容易取得的地方。

以下是我的信：

親愛的伊麗絲：

我知道現在你覺得自己有問題，但很快就會過去的，一個月之後，你就會覺得很好笑，你姊姊一定會喜歡聽你講搞砸一切的有趣故事。你內心深處知道，「你並不比別人差」。眼前狀況似乎很不妙，但這只是一種幻覺，一旦你與它拉開距離，你就會意識到它完全不重要，它並不代表真實的你的全貌。

愛你的
伊麗絲

用溫暖的方式對自己說話，或寫封情書給自己，是很好的練習。如果你很習慣在事情發生時，就快速地批評自己，那麼你需要大量的練習，才能在事情出錯時自動啟動你的自我關懷能力。

如果你覺得寫一封安慰信給自己太奇怪或太難了，你也可以從寫給別人開始。選擇一個你愛或關心的人，甚至可以是電影裡的角色。信寫完後，再把對方的名字換成你的名字。

你可以像訓練肌肉一樣，訓練自我關懷的能力。這需要毅力和重複才能產生效果，但你會養成一個新的習慣：當你感到有什麼不對勁的時候，你能為自己挺身而出，而非藏起來。

因悲傷而開始自我關懷

當你用充滿愛的眼睛審視自己，意識到錯的是你過去欠缺的經歷，而不是你自己時，羞愧就會轉化為悲傷。而當你為過去的損失而悲傷時，你會發現你開始對自己有了新的尊重。當你重新審視人生，看看你一開始失去的東西時，你可能會找到為現在的自己驕傲的理由。

努力克服你的羞愧感，可以避免將父母和祖父母的羞愧感傳承給下一代。如果你擅於充滿愛地對待自己，這種愛就會像漣漪一樣，影響你周圍的人和你的下一代。

練習

- 坐在鏡子前，對自己說些溫柔的話，或是可以使用一七七、一七八頁列出的句子。
- 挑出一個曾經讓你感到羞愧的場景，然後寫一封體貼和關心的信，安慰當時感到羞愧的你。
- 寫一封下次遇到尷尬的情況時，可以安慰自己的信。這封信必須包含當你自尊跌到谷底時，所有需要聽到的話語。

本章總結

- 當你對自己感覺不好時，是因為發生了一些不好的事情，但有問題的不是你。當你理解到這個真相時，你會感受到新的自由，但你也會因為過去的孤獨或對愛的渴望，而感到悲傷。
- 與自己建立更有愛的連結，會讓你更容易擺脫糟糕的經歷。在某些情況下，你仍然會感到尷尬，但已經不會像過去那樣，懷疑你自己的價值。

後記

讓空洞綻放花朵

富有同情心的關注眼神，就像使沙漠開花的雨水。就算長達幾個世紀都沒下雨，躺在沙子裡的種子仍然活著，靜靜休眠著等待雨水的到來。直到下雨的那天，種子開始發芽、茁壯。

修復脆弱的自我意識永遠都不晚，鼓起勇氣走出角落，讓自己更深刻地生活和融入人群吧。

……而空洞朝我們轉過臉來

低聲說

「我不是空的，我是開放的。」

——〈維梅爾〉（Vermeer），托馬斯・特朗斯特羅默（Tomas Gösta Tranströmer）

這幾句詩提醒我們不要逃避空洞，也不要逃避那些可以激發自我意識空洞的東西，因為它們充滿了各種尚未實現的可能。

致謝

我要感謝以下這些人：

心理治療師和神學大師班特．福爾克，他也是多本書如暢銷書《誠實對話》（*Honest Dialogue*，暫譯）的作者。無論在個人發展還是專業發展方面，班特．福爾克都對我影響非常大。

心理學碩士、丹麥格斯塔研究機構（Institute for Gestalt Analysis）的負責人尼爾斯．霍夫梅爾（Niels Hoffmeyer）。多年來，他一直是我靈感的泉源。

也要感謝所有讀過這本書並給我回饋的人：Ellen Boelt、Margith Christiansen、

Christine Grøntved、Line Crump Horsted、Martin Håstrup、Jan Kaa Kristensen、Lone Søgård、Kirstine Sand 和 Knud Erik Andersen。你們每個人都在這本書上留下了自己的印記。

參考書目

- Buber, Martin: I and Thou. Martino Fine Books, 2010.
- Davidsen-Nielsen, Marianne og Nini Leick: Healing Pain: Attachment, Loss, and Grief Therapy. Routledge, 1991.
- DeYoung, Patricia A.: Understanding and Treating Chronic Shame – A Relational/ Neurobiological Approach. Taylor & Francis Ltd. 2015
- Falk, Bent: Honest Dialogue. Presence, common sense, and boundaries when you want to help someone. Jessica Kingsley Publishers, 2017.
- Fonagy, P: The mentalization-focused approach to social development. In J.G. Allen & P. Fonagy (Eds.), The handbook of mentalization-based treatment. (s. 53-99). John Wiley & Sons Inc. 2006

- Hart, S. Brain, Attachment, Personality: An Introduction to Neuroaffective Development. London: Karnac Books, 2018.
- Jung, C. G. : The Undiscovered Self. Later Printing (6th) edition (1958)
- 齊克果（Søren Aabye Kierkegaard）著、林宏濤譯：《致死之病》，商周出版，2017
- 齊克果（Søren Aabye Kierkegaard）著、孟祥森譯：《憂懼之概念》，台灣商務出版，1969
- 愛麗絲．米勒（Alice Miller）著、袁海嬰譯：《幸福童年的祕密》，心靈工坊，2014
- Della Selva, Patricia Coughlin: Intensive Short-term Dynamic Psychotherapy: Theory and Technique. London: Karnac Books. 1996.
- O'toole, Donna: Aarvy Aardvark Finds Hope. Compassion Press, 1988.
- 伊麗絲．桑德著、呂盈璇譯：《高敏感是種天賦》，三采，2017

- 伊麗絲．桑德著；林怡君、蘇凱恩譯：《高敏感是種天賦2實踐篇》，三采，2018
- 伊麗絲．桑德著、梁若瑜譯：《敏感得剛剛好》，平安文化，2019
- 伊麗絲．桑德著、黃怡雪譯：《內疚清理練習》，究竟，2020
- 伊麗絲．桑德著、梁若瑜譯：《我就是沒辦法不在乎》，平安文化，2018
- Stage, Carsten: Skam. Aarhus Universitetsforlag 2019
- Sørensen, Lars: Skam. Hans Reitzels Forlag 2013
- Tranströmer, Tomas: Samlede Tranströmer. Rosinante 2011
- 歐文．亞隆（Irvin D. Yalom）著、易之新譯：《存在心理治療》，張老師文化，2003

HEART
心|視野 心視野系列 090

致，怕給人添麻煩的你

清理內心不必要的羞愧感，擁抱完整的自己

SAY HELLO TO YOUR SHAME

作　　者　伊麗絲．桑德 Ilse Sand
譯　　者　吳宜蓁
總 編 輯　何玉美
責任編輯　洪尚鈴
封面設計　FE設計 葉馥儀
內文排版　顏麟驊

出版發行　采實文化事業股份有限公司
行銷企劃　陳佩宜．黃于庭．蔡雨庭．陳豫萱．黃安汝
業務發行　張世明．林踏欣．林坤蓉．王貞玉．張惠屏．吳冠瑩
國際版權　王俐雯．林冠妤
印務採購　曾玉霞
會計行政　王雅蕙．李韶婉．簡佩鈺
法律顧問　第一國際法律事務所　余淑杏律師
電子信箱　acme@acmebook.com.tw
采實官網　www.acmebook.com.tw
采實臉書　www.facebook.com/acmebook01

ISBN　978-986-507-672-6
定價　320元
初版一刷　2022年2月
劃撥帳號　50148859
劃撥戶名　采實文化事業股份有限公司
104臺北市中山區南京東路二段95號9樓
電話：（02）2511-9798
傳真：（02）2571-3298

國家圖書館出版品預行編目資料

致，怕給人添麻煩的你：清理內心不必要的羞愧感，擁抱完整的自己 = Say hello to your shame／伊麗絲．桑德（Ilse Sand）著；吳宜蓁譯 . -- 初版 . -- 臺北市：采實文化事業股份有限公司，2022.02
192 面；14.8×21公分. --（心視野系列；90）
譯自：SIG HEJ TIL DIN SKAM
ISBN 978-986-507-672-6（平裝）
1. 自我肯定　2. 自我實現
177.2　110021380

采實出版集團
ACME PUBLISHING GROUP